## 격차사회

격차사회는 중산층의 붕괴 과정에서 나타나는 사회·경제적 양극화 현상을 일컫는 말이다. 이 현상은 장기적인 경기침체, 저출산·고령화의 급속한 진행과 이로 인한 세대간 소득 분배의 악화, 핵가족과 혼자 사는 청년들의 증가 등으로 나타나는 가구별 소득의 축소, 교육과 부의 대물림 현상 등에서 원인을 찾을 수 있다.

KAKUSA SHAKAI
by Toshiaki Tachibanaki
ⓒ 2006 by Toshiaki Tachibanaki
First published 2006 by Iwanami Shoten, Publishers, Tokyo.
This Korean language edition published 2013
by Seum & Bium, Seoul
by arrangement with the proprietor c/o Iwanami Shoten, Publishers, Tokyo.

이 책의 한국어판 저작권은 신원에이전시를 통한
저작권자와의 독점계약으로 도서출판 세움과비움에 있습니다.
저작권법에 의해 한국 내에서 보호를 받는 저작물이므로 어떤 형태로든 무단 전재와 복제를 금합니다.

격차사회, 무엇이 문제이며 어떻게 풀 것인가

일본을 통해 한국을 본다
일본 경제의 최고권위자 다치바나키 도시아키교수의
위기의 경제 격차 진단

# 격차사회

다치바나키 도시아키 지음
남기훈 옮김

## 시작하며

지금부터 8년 전, 저는 『일본의 경제격차』이와나미신서출판, 1998년라는 책을 썼습니다. 그 책에서 더 이상 일본이 옛날과 같은 1억 총중류[1]시대가 아니라는 것을 지적했습니다. 1980년대까지는 빈부의 격차가 적었고, 대부분의 사람이 중류中流, 중산층라는 의식을 가지고 있었습니다. 그러나 그런 시대는 끝났고 빈부 격차가 확대되고 있다는 것을 이야기한 것입니다.

이 책이 출판되자마자 여러 가지 반응이 있었습니다. 제 주장을 둘러싸고 논쟁도 일어났습니다. 제 생각을 지지하는 사람들도 있었고, 통계를 이상하게 사용한다고 비판하는 사람들도 있었습니다. 이런 다양한 의견은 경제학에 한정되지 않고 여러 학문 영역에서 격차를 둘러싸고 동시에 일어났습니다.

격차사회에 대한 관심이 높아짐에 따라 매스컴과 싱크탱크think tank

---

1) **일억총중류(一億總中流)** : 일억총중류란, 1970년대의 일본 인구 약 1억 명의 대다수가 자신을 중산층이라고 생각한다는 '의식'을 가리킴. 일본보다 중산층의식이 높은 나라에는 스페인, 미국, 캐나다 등이 있으나, 모두 인구가 약 1억이 아니기에 '일억총중류'라는 말은 일본의 경우에서만 사용 됨. 국민총중류라고도 함.

등에서 국민을 대상으로 설문조사를 했습니다. '일본에서 격차가 확대되고 있다고 생각하십니까' 라고 질문한 거의 모든 조사에서 70~80%의 사람이 '그렇게 생각한다'로 대답했습니다. 많은 국민이 일본 사회의 격차 확대를 실감하는 시대가 된 것입니다.

오늘날 그런 상황 속에서 격차를 둘러싸고 다시 논쟁이 일어나고 있습니다. 그 계기가 된 것은 2006년 1월에 정부가 격차의 확대는 일본이 고령화되고 있는 것에 따른 '표면상의 문제'로 보는 견해를 공표하면서 시작되었습니다.

내각부의 이런 견해를 둘러싸고 '격차는 확대되고 있는 것인가.' 아니면 '격차는 표면적인 것에 지나지 않는가.' 하는 논쟁이 벌어졌습니다. 그러나 이번에 일어난 논쟁은 예전의 논쟁과는 다른 성질을 갖고 있다고 생각합니다. 뜻밖에도 고이즈미 수상이 국회에서 한 말이 그것을 단적으로 나타내고 있습니다.

"격차는 어느 사회에도 있으며, 격차가 생기는 것은 나쁜 것이 아니다."

"성공한 사람을 시샘하거나 능력 있는 자의 발목을 잡는다거나 하는 풍조를 삼가지 않으면 사회는 발전하지 않는다."

이 '격차가 무엇이 나쁜가', '격차가 확대되더라도 문제될 것이 있는가' 라는 사고방식이 최근에 일어난 논쟁의 특징입니다. 이러한 사고방식은 '1억 총중류는 끝났다.' '격차의 범위가 커지지 않았다.' 와 같은 논쟁보다도 훨씬 사회의 근간에 영향을 미치는 성질의 것이라고 생각합니다. 더욱이 수상을 비롯한 지도자층이 그렇게 주장하기 시작했다는 점도 중요합니다.

이러한 현상의 배경에 있는 것은 무엇인지, 이러한 현상을 어떻게 생각하면 될지에 대한 것을 본서에서 논해 가고자 합니다.

제1장에서는 각종 데이터를 사용하여 격차의 현재 상황이 어떻게 되어 있는지를 검증하겠습니다. 그리고 격차의 확대가 정부가 말하는 것처럼 정말 '표면적' 인 것에 지나지 않는지, 정부가 그렇게 주장하는 것의 의미는 무엇인지 등을 생각해 보고 싶습니다.

제2장에서는 격차를 넓히고 있는 요인에 대해서 생각해 봅니다. 그

중에서도 고용시스템의 변화가 주목됩니다. 또한 현재 진행되고 있는 '구조개혁'의 문제점을 격차의 시점으로 논하고 싶습니다.

제3장에서는 격차가 벌어지고 있는 중에 일본 사회에 어떤 변화가 일어나고 있는가에 대해 생각해 봅니다. 사회가 양극화兩極化되고 있는 중에 양극, 즉 부유층과 빈곤층에 커다란 변화가 나타나고 있습니다. 저소득근로자를 비롯하여 새로운 빈곤층의 출현이 큰 문제가 되고 있는 것을 이해할 수 있을 것입니다.

제4장에서는 격차가 더욱 벌어졌을 때, 과연 일본은 어떤 나라가 될 것인가, 어떤 문제가 발생할 것인가를 검증합니다.

제5장에서는 제가 생각하는 격차사회의 개선책을 가능한 구체적으로 제언提言하려 합니다.

## 차례

시작하며 • 4

## 01 격차의 현상을 검증하다

1. 소득으로 보는 격차의 현상 • 13
2. 일본의 불평등을 국제 비교하다 • 22
3. 심각함을 더하는 일본의 빈곤 • 26
4. 통계에 나타나지 않는 격차의 존재 • 37
5. 격차는 '표면적'인가 • 41

## 02 '평등신화' 붕괴의 요인을 찾다

1. 장기불황과 실업의 증대 • 49
2. 고용에서 넓어지는 격차 • 52
3. 소득분배시스템의 변화 • 62
4. 구조개혁 무엇이 문제인가 • 71

## 03 격차의 진행 속에서 – 지금 무엇이 일어나고 있는가

1. 새로운 빈곤층의 양상 • 83
2. 저소득근로자가 의미하는 것 • 93
3. 부유층의 변화 • 101

4. 지역 격차의 실태 • 118
5. 빼앗기는 기회의 평등 • 126

## 04 격차사회의 방향을 생각하다

1. 격차 확대를 허용해도 되는가 • 143
2. 빈곤층의 증대가 부르는 모순 • 147
3. 니트족과 프리터 • 153
4. 계층의 고착화와 인적 자원의 위기 • 160
5. 격차를 어디까지 인정하는가 • 165

## 05 격차사회를 위한 처방전 「비복지국가」에서 벗어나기

1. 경쟁과 공평의 양립 • 173
2. 고용격차를 시정하다 • 178
3. 지역의 힘을 끌어내다 • 189
4. 교육의 기회를 빼앗기지 않는다 • 193
5. 서둘러야 할 빈곤의 구제 • 199
6. 세제와 사회보장제도의 개혁 • 204
7. '작은 정부'에서 벗어나기 • 216

부록. 통계수치로 보는 한국의 격차 • 225
역자후기 • 230

# 01

격자의 현상(現狀)을 검증하다

격차사회에 들어섰음을 알려주는 사실들

본 장에서는 일본 사회의 격차의 현상이 어떤가 하는 것을 여러 가지 데이터를 사용하여 검증해 봅니다.

## 1. 소득으로 보는 격차의 현상

### 격차를 무엇으로 검증하는가

격차를 측정하는 경우에 가장 일반적으로 사용되는 것은 소득에 관한 데이터입니다. 기본적인 것이지만 왜 소득을 사용하는 것인지에 대해 먼저 이야기하겠습니다. 소득 이외의 변수에 주목하여 계측하는 방법으로서는 자산과 소비에 관한 데이터를 사용하는 것이 있습니다.

어느 시점에서 금융자산이나 토지, 가옥의 보유액에 주목하는 것이 자산에 의한 계측입니다. 이것은 빈부를 나타내는 지표로써, 자산 제로zero의 가계나 대부호에 대해서 이야기할 경우 등에 의미가 있습니다. 그러나 자산 데이터는 그다지 풍부하지 않을 뿐더러, 데이터에 대한 신뢰성에도 문제가 있습니다.

또한, 사람이 얼마나 소비하는가 하는 관점에서 그 사람의 빈부 또는 행복과 불행을 보는 것도 중요합니다. 소비가 많은 사람은 풍족하고 반대로 소비가 적은 사람은 빈곤하다는 견해입니다. 저도 소비의 불평등도가 현재 어느 정도인지 하는 것은 중요한 테마라고 생각합니다. 하지만 어떤 사람이 어느 기간에 얼마나 소비했는가 하는 것을 실제로 계측하는 것은 매우 어려운 일입니다. 자세하게 가계부를 쓰는 것이 얼마나 번거로운 일인가를 생각해보십시오. 따라서 어쩔 수 없이 신뢰성이 낮아질 수밖에 없습니다. 더욱이 소비를 얼마나 했는가의 문제가 곧바로 빈부와 행복·불행으로 이어진다고 판단하기도 어려운 일입니다.

한편 소득의 경우는 자산이나 소비보다도 데이터의 신뢰성이 높다고 할 수 있습니다. 소득이 많은 사람은 풍족한 소비생활이 가능한 사람일 것이며, 반대로 적은 사람은 빈곤하다고 판단할 수 있겠지요. 또한, 어느 사람이 얼마만큼의 소득을 얻었는가 하는 것을 계측하는 것은 소비의 경우보다도 알기 쉽고, 정보 수집에 있어서도 어려움이 덜한 장점이 있습니다. 따라서 격차문제를 다룰 때, 많은 사람은 먼저 소득을 들게 됩니다. 자산과 소비에 의해 분배의 평등·불평등을 측정하는 것은 가치가 있기는 하지만, 현시점에서 소득에 의한 계측과 비교하면 아직 일반적이지 않다는 것이 제 판단입니다.

### 소득이란 무엇인가

소득을 계측할 때에는 크게 나누어 두 가지의 개념 구분이 있습니다. 한 가지는 '재분배 전 소득', 또 한 가지는 '재분배 후 소득'이라고 합니다. 소득에서 세금과 사회보험료 등을 제하지 전의 소득이 '재분배 전 소득'입니다. 반대로, '재분배 전 소득'에서 세금과 사회보험료를 제하고 거기에 사회보장급부액 사회보장급여액을 의미을 더한 것이 '재분배 후 소득'입니다. 이 장에서 제가 사용하는 것은 대부분의 경우가 재분배 후 소득입니다.

참고로, 재분배 전 소득이 어떻게 구성되어 있는지 알아둘 필요는 있습니다. 그 구성요소는 ① 임금, ② 사업소득 자영업자나 가족기업이 얻는 소득, ③ 농가소득, ④ 가내家內노동소득 가족의 일원이 집에서 부업 등을 통해 번 소득, ⑤ 자산소득 저금이나 증권, 주식 등에서 얻은 이자 및 배당. 또는 땅 주인이나 집 주인의 지대(地代)나 집세 수입, ⑥ 잡수입 ①~⑤에 들지 않는 소득으로 되어 있습니다.

## 소득을 계측하는 네 가지의 데이터소스

일본 사회에서 소득을 계측할 때에 사용되는 대표적인 네 가지의 데이터 소스가 있습니다.

첫 번째는 '소득재분배조사'입니다. 이것은 후생노동성 厚生勞動省이 3년마다 발표하고 있는 것입니다. 후생노동성이 매년 발표하는 '국민생활기초조사' 중, 소득부분을 자세히 조사한 것입니다. 두 번째는 '가계조사'로 이것은 총무성 總務省이 매년 발표하고 있는 것입니다. 세 번째는 '전국소비실태조사'로 총무성이 5년에 한 번 내고 있는 통계입니다. '가계조사'와 '전국소비실태조사'는 소득에 더하여 소비실태도 나타낸 통계자료입니다. 네 번째는 '임금구조기본조사'입니다. 별명으로 '임금센서스'라고도 하며 후생노동성이 매년 발표하고 있는 것입니다.

이상, 네 가지의 데이터 소스는 각각 장단점이 있습니다. 첫 번째, '소득재분배조사'는 일본에 살고 있는 모든 사람들을 대상으로 하고 있다는 점이 큰 장점입니다. 즉 그 사람이 일하고 있는지, 직업은 무엇인지, 가족은 어떤지 등과 같이, 표본을 특화하지 않고 모든 일본인을 대표하는 표본을 사용하고 있는 것입니다. 거기에 세금과 사회보장에 관한 정보가 풍부하기에 세금과 사회보장의 소득재분배효과 분석도 가능합니다. 따라서 네 가지 중에서는 가장 신뢰성이 높은 데이터라고 생각할 수 있습니다.

두 번째, '가계조사'는 조사가 매년 진행된다는 장점을 갖고 있습니다. 하지만 지금까지 가족 구성원이 두 명 이상인 가계만 조사해 왔습니다. 즉, 1인 가구<sub>일본에서는 단신세대로 표현</sub>가 대상에서 빠져 있었던 것입니다. 또한, 직업에서는 농업에 종사하고 있는 사람도 대상에서 빠져있었습니다. 1인 가구나 농가에는 저소득자가 많습니다. 따라서 이 '가계조사'를 사용하여 소득분배의 불평등도를 계측하면 그 불평등도는 다른 소스로 계측한 경우보다도 낮아지는 결과가 생깁니다. 즉, 평등도를 높게 보이게 하는 것이 되겠습니다. 총무성이 그러한 문제점을 인식하고 1인 가구와 농가를 조사대상에 넣기 시작한 것은 극히 최근의 일입니다. 그 때문에 '소득재분배조사'와 같이 표본을 모든 일본인으로 한 넓은 대상에 대해서 과거 일본의 소득분배 상황을 연속적으로 조사할 수 없다는 단점이 '가계조사'에 존재합니다.

세 번째, '전국소비실태조사'는 '가계조사'보다도 상세한 데이터 소스이지만, 앞에서 말한 바와 같이 5년에 한 번밖에 발표하지 않습니다. 따라서 연속적으로 어떻게 변화되었는가 하는 점을 상세히 조사할 수 없습니다. 또한 조사대상에 대해서도 두 명 이상의 가계에 중점을 두고 있기 때문에 1인 가구가 차지하는 비중이 작습니다. 따라서 모든 일본인을 표본으로 하여 분석할 수 없다는 점에서 단점이 있습니다.

네 번째, '임금구조기본조사'는 표본수가 상당히 많다는 장점을 가지고 있습니다. 즉 100만 명 이상이라는 많은 표본수를 가지고 있는 데이터입니다. 더욱이 매년 발표되고 있습니다. 그러나 임금 외에는 조사되고 있지 않는 점이 이 데이터의 큰 단점입니다.

임금에만 한정해 버리면, 직장에서 임금을 받으며 일하고 있는 사람만 대상이 됩니다. 일하고 있지 않은 사람은 물론, 사업을 하고 있는 사람, 농가, 노동시장에서 은퇴해서 연금생활을 하고 있는 사람은 대상이 되지 않는 것은 물론, 재산·자산소득도 조사대상에서 제외됩니다. 따라서 이 데이터도 모든 표본을 대상으로 한 것일 수 없습니다. 뿐만 아니라, 일하고 있는 사람에 대해서도 종업원이 10인 이상의 기업만 표본에 들어가 있습니다. 즉, 10인 이하의 소기업에서 일하고 있는 사람의 임금은 이 데이터에서 읽을 수 없습니다. 임금은 어디까지나 소득의 일부분에 지나지 않습니다. 따라서 이 데이터를 사용하여 소득 전체를 말한다는 것은 불가능한 일입니다. 단, 임금만을 분석할 때에는 큰 가치가 있습니다.

결국 이러한 장단점을 인식한 상태에서 이 네 가지의 데이터 소스를 이용하면서 종합적으로 분석해야 할 필요가 있는 것입니다. 그러나 앞서 말한 대로, '소득재분배조사'가 모든 일본인을 표본으로 하고 있다는 의미에서 가장 신뢰성이 높다고 할 수 있습니다. 따라서 소득분배의 현상을 이야기 할 때에는 이 '소득재분배조사'를 중심으로 이야기하는 것이 좋다고 생각합니다.

### 소득 격차의 현상現狀

저는 1998년에 출판한 책 『일본의 경제격차』에서 1980년대 이후, 일본의 소득분배가 불평등화하고 있다는 것을 '소득재분배조사' 데이터를 사용하여 주장했습니다. 그러면 현재는 어떻습니까. 앞의 책에서 주장한 때보다도 더욱 소득분배의 불평등화가 진행되었다는 사실을 지적할 수 있습니다.

표1-1을 보시면, 재분배 전 소득과 재분배 후 소득 모두의 지니계수[2]도 1980년대부터 2002년까지 일정하게 상승하고 있습니다.

지니계수라고 하는 것은 이탈리아의 통계학자 지니가 고안한 계수

---

2) 지니계수(Gini coefficient, Gini's coefficient) : 소득이 어느 정도 균등하게 분배되는가를 나타내는 소득분배의 불균형 수치. 이탈리아의 인구학자 / 통계학자 / 사회학자인 지니(Corrado Gini)가 소득분포에 관해 제시한 통계적 법칙인 '지니의 법칙'에서 나온 개념이다. 빈부 격차와 계층간 소득분포의 불균형 정도를 나타내는 수치로, 소득이 어느 정도 균등하게 분배되어 있는지를 평가하는 데 주로 이용된다. 근로소득 / 사업소득의 정도는 물론, 부동산?금융자산 등의 자산 분배 정도도 파악할 수 있다. 지니계수는 0과 1 사이의 값을 가지는데, 값이 0에 가까울수록 소득분배의 불평등 정도가 낮다는 것을 뜻한다. 보통 0.4가 넘으면 소득분배의 불평등 정도가 심한 것으로 본다.

| | 재분배전소득의 불평등도 (지니계수) | 재분배후 소득의 불평등도 (지니계수) | 재분배계수(%) | 조세에의한 재분배계수(%) | 사회보장에 의한 재분배계수(%) |
|---|---|---|---|---|---|
| 1972년 | 0.354 | 0.314 | 11.4 | 4.4 | 5.7 |
| 1975년 | 0.375 | 0.346 | 7.8 | 2.9 | 4.5 |
| 1978년 | 0.365 | 0.338 | 7.4 | 3.7 | 1.2 |
| 1981년 | 0.349 | 0.314 | 10 | 5.4 | 5.0 |
| 1984년 | 0.398 | 0.343 | 13.8 | 3.8 | 9.8 |
| 1987년 | 0.405 | 0.338 | 16.5 | 4.2 | 12.0 |
| 1990년 | 0.433 | 0.364 | 15.9 | 2.9 | 12.5 |
| 1993년 | 0.439 | 0.365 | 17 | 3.2 | 13.2 |
| 1996년 | 0.441 | 0.361 | 18.3 | 1.7 | 15.7 |
| 1999년 | 0.472 | 0.381 | 19.2 | 1.3 | 17.1 |
| 2002년 | 0.498 | 0.381 | 23.5 | 0.8 | 21.4 |

출처: 후생노동성 '소득재분배조사'

표1-1 소득분배의 변천

로 격차와 불평등을 계측할 때 자주 사용되는 수치입니다. 사람들이 완전평등인 상태가 0, 반대로 완전불평등한 상태를 1로 나타냅니다. 따라서 숫자가 커져서 1에 가까워질수록 소득분배의 불평등도가 높다는 이야기가 됩니다.

표1-1을 보면 1981년은 재분배 후 소득의 지니계수가 0.314였습니다만, 2002년 단계에서 0.381로 상승하고 있습니다. 이것은 지니계수의 수치로는 상당한 상승입니다. 80년대부터 현재까지에 걸쳐 지니계수가 높아졌다는 것은 소득분배의 불평등화가 진행하고 있다고 판단할 수 있습니다.

다음으로 '가계조사'의 수치를 검증해 보겠습니다(그림1-1). '가계조사'에서도 1980년 부근부터 상하로 변동이 다소 있습니다만, 상승경향이라고 말할 수 있습니다.

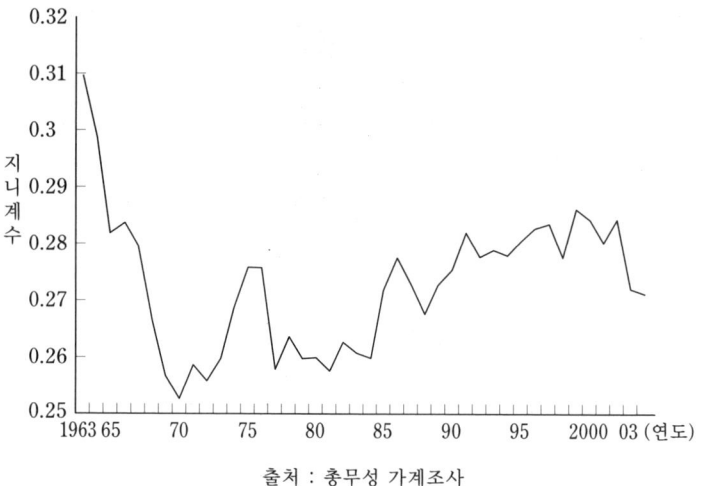

출처 : 총무성 가계조사

그림 1-1 가계조사에 의한 지니계수 추이

즉 장기적으로 소득분배의 불평등화가 진행된 것을 확인할 수 있습니다. 그러나 이 데이터에서 특징적인 것은 2003년에서 감소의 변화를 엿볼 수 있다는 것입니다.

왜 이런 감소가 생겼는지에 대해 저는 나름대로 생각해 보았습니다. 이후에 상세히 서술하겠지만 일본에서 소득분배의 불평등이 일어난 이유 중 한 가지로 1인 세대 빈곤자가 늘었다는 요소가 있습니다. 특히 독거노인 가구의 빈곤도가 높아져, 분배의 불평등도가 높아지고 있습니다. 그러나 '가계조사'에서는 앞서 말한 것처럼 1인 세대가 제외되어 있습니다. 따라서 독거노인 가구의 빈곤 증가라는 요소를 포착하지 못한 것입니다.

'가계조사'의 통계를 근거로만 하면 가족 구성원이 두 명 이상인 가계의 경우에는 소득분배의 불평등도가 최근에 와서 완화되고 있다고 말할 수 있을지도 모르겠습니다. 하지만, '가계조사'의 전체적인 방향은 80년대로부터 현재까지 불평등도가 상승 국면에 있으며, 장기간으로 보아도 역시 소득분배의 불평등화를 나타내고 있습니다.

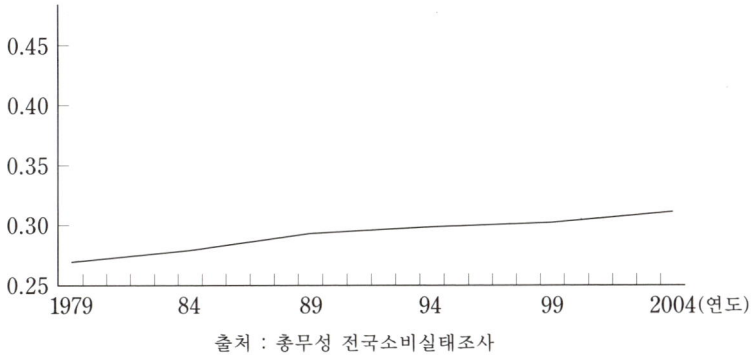

출처 : 총무성 전국소비실태조사

그림 1-2 '전국소비실태조사'에 의한 지니계수의 추이

이를테면 '전국소비실태조사'에서도 역시 지니계수는 그다지 급격하지는 않지만 일정하게 상승하고 있습니다(그림1-2).

'임금구조기본조사'에 의한 임금분배의 변동에 대해서는 앞서 말한 바와 같이 이 통계를 가지고 소득전체를 이야기하는 것은 불가능하므로 여기서 상세히 검증하지는 않겠습니다. 하지만 임금분포에 관하여는 연공서열 年功序列에서 능력·성과주의 임금으로 변화하고 있으므로 분포에 약간의 불평등화가 보이는 결과를 얻었다는 것만 지적해 두겠습니다. 따라서 제2장 3에서 상세히 이야기하겠지만 소득분배 불평등화의 한 가지 요인으로써, 임금분배의 불평등화를 이 단계에서도 들 수 있습니다.

이상의 내용을 정리하면 데이터로 보는 관점에서 80년대 이후 일본 소득분배의 불평등화는 확대되고 있다고 말할 수 있을 것입니다.

## 2. 일본의 불평등을 국제 비교하다

### 불평등도의 국제 비교

앞 절에서는 국내의 지표를 사용하여 일본 소득분배의 시기별 변화를 더듬어 보아 일본의 불평등도가 높아진 것을 나타내었습니다. 그러면 외국과 국제적으로 비교를 한 경우, 일본의 불평등도는 어느 정도인지 살펴보겠습니다. 전저 前著인 『일본의 경제격차』에서도 선진국에서의 소득분배를 비교해 보았습니다. 그 책에서는 일본이 더 이상 1억 총중류 사회가 아니며, 유럽의 강국인 독일이나 프랑스 수준의 불평등도를 나타내고 있음을 지적했습니다. 80년대에서 90년대

초기에 걸쳐 일본도 평등성이 높지 않은 나라가 되었고, 유럽 강국 수준의 불평등도가 자리 잡게 된 것입니다. 현재의 상황에 대하여 OECD경제협력개발기구가 가맹국의 소득분배 현상을 해석하여 2004년 말에 발표한 조사결과를 사용하여 검증해 봅시다.

### OECD조사란

먼저, 여기서 사용하는 OECD조사에 대해서 간단히 설명해 두겠습니다. 각각의 나라가 자국의 소득분배 데이터를 OECD에 제출합니다. 그 데이터를 비교하면서 OECD는 지니계수 등의 여러 가지 척도를 사용하여 소득분배의 불평등도를 산출해 냅니다. 더욱이 다음 절에서 다루겠지만, 이번 조사에서는 각국의 빈곤정도에 대해서도 비교조사를 하고 있습니다. 따라서 각국이 제출한 데이터를 기준으로 하고 있다는 것이 첫 번째 특징입니다.

또한, '등가소득等價所得'이라는 개념을 사용한다는 특징도 있습니다. 즉, 가계는 구성인원이 다릅니다. 1인 세대도 있으며, 두 명이 구성하는 세대, 다섯 명이 구성하는 세대도 있습니다. 따라서 가계의 인원수에 따른 영향력을 배제하지 않으면, 분배의 실정이나 생활정도를 정확히 비교하기가 어렵게 됩니다. OECD조사에서는 그러한 가계 구성원의 차이를 고려하여 조정하고 있습니다. 그것들을 조정해서 환산한 것을 '등가소득'으로 정의하여 분석하고 있는 것입니다.

### 불평등도가 높은 나라로 동참한 일본

이 OECD조사가 표1-2입니다. 그것을 보면, 재분배 후 소득으로 산출한 일본의 지니계수는 0.314로써, 일본은 선진국 중에서도 불평등도가 꽤 높은 그룹에 속하게 되었다고 할 수 있습니다.

선진국의 소득분배의 현황을 ① 평등성이 높은 나라, ② 중간 정도의 나라, ③ 불평등성이 높은 나라, 이렇게 세 개의 그룹으로 분류해 보겠습니다. ① 평등성이 높은 나라는 덴마크, 스웨덴, 네덜란드, 호주, 핀란드, 노르웨이 등 주로 북유럽 국가들을 중심으로 하고 있습니다. ② 중간 정도의 나라에는 프랑스나 독일과 같은 유럽의 강대국이 들어있습니다. ③ 불평등도가 높은 나라는 포르투갈, 이탈리아, 미국, 뉴질랜드, 영국과 같은 나라가 있습니다. 그리고 일본도 이 ③ 그룹에 속해 있습니다.

이전 저서『일본의 경제격차』에 대한 비판 중 하나로 '일본의 불평등화가 진행되고 있는 것은 사실이지만, 세계의 선진국들과 비교하면 아직 소득의 불평등도는 중상위 정

표 1-2
선진국의 소득분배 불평등도(지니계수)

| 덴마크 | 0.225 |
|---|---|
| 스웨덴 | 0.243 |
| 네덜란드 | 0.251 |
| 오스트리아 | 0.252 |
| 핀란드 | 0.261 |
| 노르웨이 | 0.261 |
| 스위스 | 0.267 |
| 벨기에 | 0.272 |
| 프랑스 | 0.273 |
| 독일 | 0.277 |
| 캐나다 | 0.301 |
| 스페인 | 0.303 |
| 아일랜드 | 0.304 |
| 호주 | 0.305 |
| 일본 | 0.314 |
| 영국 | 0.326 |
| 뉴질랜드 | 0.337 |
| 미국 | 0.337 |
| 이태리 | 0.347 |
| 포르투갈 | 0.356 |
| OECD전체 (24개국) | 0.309 |

출처 : OECD, Income Distribution and Poverty in OECD Countries in the Second Half of the 1990s, 2004

도이므로 그다지 걱정할 필요는 없다.'는 것이 있었습니다. 그 시점에서는 앞서 말한 바와 같이 유럽 강대국 수준 정도의 불평등도였기 때문에 그러한 견해도 가능했을 것입니다.

그러나 표1-2를 보면 현재는 더 이상 그런 비판이 타당치 않은 상황임을 알 수 있습니다. 즉 일본의 불평등도는 확실히 높아져, 선진국 중에서도 누가 봐도 불평등도가 높은 나라가 되었다는 결론을 내릴 수 있습니다.

일본 외에 불평등도가 높은 대표적인 나라는 영국과 미국, 그리고 포르투갈과 이탈리아입니다. 포르투갈과 이탈리아는 남유럽이라는 유럽 중에서도 후진국 내지는 중진국입니다. 세계를 선진국과 후진국으로 구분하면 후진국 쪽이 소득분배의 불평등도가 높은 경향이 있습니다. 포르투갈과 이탈리아의 분배불평등도가 높은 것도 유럽에 있어서의 후진국 내지는 중진국이라는 점에서도 근거를 찾을 수 있습니다.

영국과 미국은 여태까지 항상 불평등도가 높은 그룹에 들어있었습니다. 모두 신자유주의라는 사상을 기본으로 둔 나라입니다. 흔히 말하는 시장원리주의에 입각하여 경쟁을 촉진하는 형태의 경제체제를 취하고 있어, 소득분배라는 결과의 불평등에 대해서는 그다지 문제 삼지 않고, '자기책임'을 강조하고 있습니다.

오늘날 정치가와 기업가를 중심으로 신자유주의적 주장이 더 확산되는 경향이 일본에서도 나타나고 있습니다. 일본의 불평등도의 수준이 미국이나 영국에 가까워지고 있는 것은 그런 요인도 있다고 판단됩니다.

보충설명으로, 뉴질랜드에 대해서도 언급해 두겠습니다. 뉴질랜드는 80년대 중반 이후 규제완화정책을 강행한 것으로 잘 알려져 있습니다. 규제완화정책은 성공적이어서 경제가 활성화되었고 일본에서도 많은 시찰단이 방문했습니다. 그러나 오늘날에 이르러서는 이 규제완화가 과하게 진행되었다는 반성이 뉴질랜드 내부에서 일어나고 있습니다. 소득분배의 불평등화도 그런 반성을 촉구하게 된 한 가지의 계기였을 것이라 판단됩니다.

## 3. 심각함을 더하는 일본의 빈곤

### 절대적 빈곤과 상대적 빈곤

본 장 1과 2에서 국내의 지표, 국제비교지표를 사용하여 소득분배의 불평등이 확대되고 있는 것을 이야기했습니다. 그러면 불평등이 확대된다는 것은 무엇을 의미하고 있는 것일까요. 그것은 간단히 바꾸어 말하면 빈부의 격차가 늘어난다는 것입니다. 빈부 격차가 늘어날 때, 두 가지 측면이 있습니다. 첫 번째로 풍족한 사람의 소득이 더 높아지고 빈곤한 사람이 더더욱 빈곤해지는 측면입니다. 두 번째로 풍족한 사람과 빈곤한 사람의 수가 상대적으로 증가한다는 측면입니다. 현재의 일본에 있어서 여기서 나타낸 쌍방의 측면이 보인다고 생각합니다. 그리고 특히 빈곤층의 문제가 심각해지고 있다는 것이 제 견해입니다. 즉 빈곤층이 증가하며 동시에 그들의 소득저하가 심각해지고 있다고 생각하고 있습니다.

이번에는 빈곤의 결과에 대해서 검증해 보고자 합니다. 먼저 빈곤이란 무엇을 가리키는지 그 정의에 대해서 생각해볼 필요가 있습니다. 빈곤은 두 가지의 정의로 파악해야 합니다. 하나는 '절대적 빈곤'입니다. 이것은 각 가정이 이 정도 이하의 소득이라면 먹고살 수 없다거나 생활할 수 없다는 의미에서의 빈곤입니다. 먹고살기 위해 필요한 액수는 각 지역에 따라 다르지만, 연간 150만 엔으로 가정하면, 150만 엔 이하의 소득밖에 없는 사람을 빈곤이라 정의합니다.

또 하나의 정의는 '상대적 빈곤'입니다. 이 정의에서는 다른 사람과 비교하여 어느 정도 소득이 낮은가 하는 것에 주목합니다. 예를 들어, 평균적인 소득과 비교하여 몇 퍼센트 이하의 소득밖에 없는 경우를 빈곤이라고 정의하는 방법입니다. 타인과 비교하여 자기의 소득이 상당히 낮다면 그 사람은 빈곤을 느끼고 소외감을 가질 것이라 보고 빈곤을 정의한 것입니다.

이 두 가지의 정의에 따라서 일본의 빈곤현상을 검증해 봅시다.

### 생활할 수 있을 만큼의 소득이 없는 사람과 생활보호 세대

먼저 절대적 빈곤을 사용하여 분석하겠습니다. 먹고살 수 없을 정도, 생활할 수 없을 정도의 소득밖에 없는 사람은 일본에 어느 정도 있는 것일까요. '소득재분배조사'의 수치를 사용하여 다음과 같이 계산해 보았습니다.

일본에는 빈곤자를 구제하는 수단으로 생활보호제도가 있습니다. 생활보호제도라는 것은 먹고살 수 없는 사람에게 행정적으로 현금을 지급하는 제도인데, 어느 정도의 소득을 가진 사람을 대상으로 하는가에 대해서는 지역별로 생활보호기준이 각각 정해져 있습니다. 지역에 따라 소득, 생활물가수준이 다르기 때문입니다. 당연한 것이지만, 가족 수에 따라서도 생활보호기준은 달라집니다. 가장 중요한 것은 지역에 따른 차이입니다.

'소득재분배조사'의 소득액을 사용하여 각 지역에 빈곤자가 얼마나 있는가 하는 것을 계산해 보았습니다. 두 가지 방법으로 진행했는데, 첫 번째는 생활보호기준 중에 '1급지級地-1'이라 불리는 대도시에 사는 사람들을 중심으로 기준을 정한 것입니다.

도쿄東京, 오사카大阪, 센다이仙台, 나고야名古屋 등, 대도시에서 이 정도의 소득이 없으면 먹고살 수 없다고 하는 금액을 사용하여 그 수준에 달하지 못하는 사람의 빈곤율을 먼저 계산했습니다(표1-3). 그에 따르면 1996년이 11.2%, 99년이 13.4%, 2002년이 15.7%였습니다.

표1-3
일본의 절대적빈곤율의 추이(단위:%)

|  | 1996년 | 1999년 | 2002년 |
|---|---|---|---|
| 1급지의1 | 11.2 | 13.4 | 15.7 |
| 3급지의1 | 7.5 | 9.1 | 10.8 |

출처:후생노동성 '소득재분배조사'에 근거한 계산

다음으로 '3급지-1'이라 불리는 지방의 소도시 등에 사는 사람들을 기준으로 한 것입니다(표1-3). 96년이 7.5%, 99년이 9.1%, 2002년이 10.8%였습니다.

이상의 수치를 보면 96년에서 2002년까지의 기간 동안 빈곤율이 '1급지-1', '3급지-1' 양 쪽에서 모두 증가하고 있는 것을 알 수 있습니다. 즉, 이 기간 중에 일본의 절대적 빈곤율은 높아진 것이라고 말할 수 있는 것입니다.

그와 관련하여, 앞서 말한 빈곤의 기준이라는 것은, 당연히 지역에 따라 차이가 있습니다. '1급지-1'과 '3급지-1'과는 빈곤의 기준에 차이가 있습니다. 따라서 엄밀한 빈곤율은 애석하게도 나타낼 수는 없지만, 일본의 평균적인 빈곤율이라는 것은 이 '1급지-1'과 '3급지-1'의 사이 정도의 값이라고 생각됩니다. 그러면 96년이 대체로 9% 정도, 99년이 11%, 2002년은 13%로 추정됩니다. 75년의 빈곤율은 6.78%, 80년에는 6.20%라는 추정치가 있습니다 (소하라토시미츠, 「저소득세대와 생활보호」, 사회보장연구소편, 『복지정책의 기본문제』, 도쿄대학출판회, 1985년). 그러한 과거의 추정치와 비교해도 상당히 높아져 있다는 것을 알 수 있습니다.

다음으로 실제로 생활보호를 받고 있는 사람 수도 절대적 빈곤을 조사하는 한 가지 방법입니다. 일본에서의 생활보호수급세대의 추이를 살펴봅시다(그림1-3). 그것에 따르면 생활보호를 받고 있는 세대는 96년이 61만 세대, 2004년이 100만 세대, 최근 2005년이 105만 세대로연도의 1개월 당 세대수, 상당히 증가한 것을 알 수 있습니다.

풍족해 보이는 일본 사회에서 생활보호기준 이하의 소득밖에 없는 사람의 수가 확실히 늘어, 실제로 생활보호 지원을 받지 않으면 안 될 사람도 늘어났다는 것을 이 데이터를 통해 알 수 있습니다.

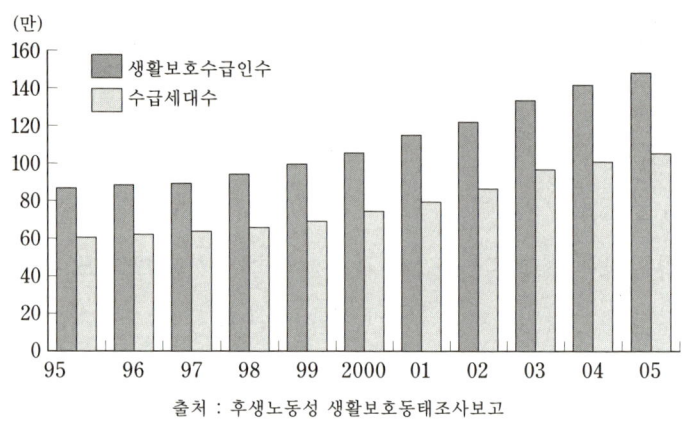

출처 : 후생노동성 생활보호동태조사보고

그림1-3 생활보호수급자 수의 변화

## 저축 제로(0)세대와 자기파산

저축의 측면에서도 절대적 빈곤을 확인할 수 있습니다. 즉 저축이 없는 세대의 비율로 볼 수가 있습니다. 저축이 없는 세대가 최근 15년 사이에 상당히 늘어나고 있습니다(그림1-4). 저축이 없는 세대가 70년대부터 80년대 후반에는 5% 정도였는데, 2005년에는 22.8%까지 급격히 상승하고 있습니다. 저축이 제로라는 것은 소득만으로는 생활을 꾸려갈 수 없어, 보유하고 있던 저축을 다 써버린 상태입니다. 또는 생활하는 것만으로도 벅차서 저축을 할 만한 소득의 여유가 없는 상태입니다. 따라서 이러한 세대가 상당히 심각한 경제상황에 놓여있다는 것은 이해할 수 있을 것입니다.

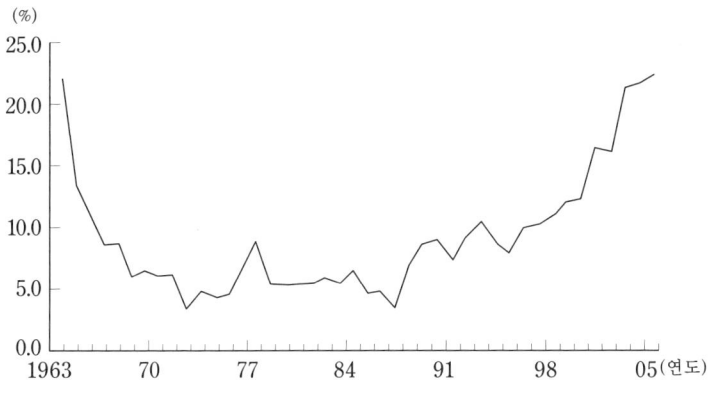

출처 : 금융광보중앙위원회 가계금융자산에 관한 여론조사

그림1-4 저축이 없는 세대의 비율(2인 이상 세대)

빈곤이 심각해져 격차가 벌어지고 있다는 것은 이러한 분석에서도 나타나 있습니다. 또한, 개인파산하는 가계도 늘어나고 있습니다. 파산이라는 것은 보통, 기업의 경영파탄에 사용되는 말입니다만, 가계에도 그 개념을 적용하여 빚 변제의 유예 등이 인정되는 제도입니다. 1995년에서 현재까지 개인파산 신청 건 수의 변화(그림1-5)를 보

면 95년에 4만 건이었는데, 2003년에는 24만 건으로 여섯 배나 늘어난 것을 볼 수 있습니다. 경제적으로 파탄 한 가계가 급격하게 증가했음을 알 수 있습니다.

저축이 없어지고 빚에 쫓겨 대출 지옥에 빠져, 개인파산해 버리는 사람이 급증하고 있다는 것도 빈곤자의 수가 늘어난 증거로 생각할 수 있습니다.

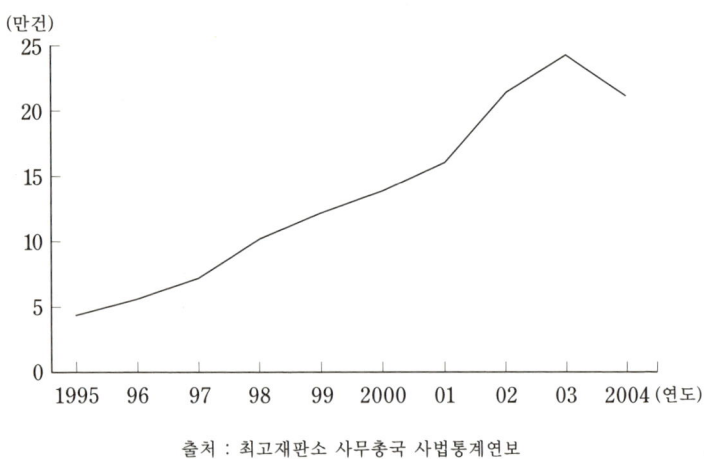

출처 : 최고재판소 사무총국 사법통계연보

그림1-5 개인파산(자기파산) 신청건 수의 변화

### 노숙자homeless의 수

한 가지 더 절대적 빈곤을 측정하는 지표를 소개하겠습니다. 그것은 노숙자의 수입니다. 노숙자가 얼마만큼 늘어났는가 하는 것도 중요한 변수이므로 간단히 설명하겠습니다.

여러 싱크탱크가 일본인에게 '일본에서 격차가 확대되고 있다고 생각하십니까?'라는 설문조사를 해보니, 거의 70~80%의 사람이 격차가 확대되고 있다고 대답했습니다. 즉, 일본인의 대부분이 격차가 확대되고 있다는 생각을 가지고 있습니다. 많은 일본인이 그렇게 답하는 이유의 한 가지는 그들의 눈앞에 다음과 같은 현상이 나타나고 있기 때문이라고 저는 생각합니다. 한 가지는 벤처기업으로 성공한 경영자, 또는 '롯본기힐즈六本木 hills족'으로 대표되는 지금까지는 생각할 수 없었던 큰 부자가 눈에 띄게 된 것입니다. 다른 한 가지의 현상은 거리를 걷고 있으면 노숙자가 이전보다 상당히 눈에 많이 띄게 되었다는 것입니다.

이러한 두 가지의 현상은 '빈부 격차가 커졌다'라는 인식을 가지는 것에 영향을 미치고 있다고 생각합니다. 따라서 노숙자의 숫자가 실제로 어떠한가 하는 것은 중요한 수치라고 생각합니다.

도쿄의 노숙자 변화를 살펴보겠습니다(그림1-6). 90년대 말부터 2000년경에 걸쳐 노숙자가 3000명에서 6000명으로 두 배나 늘어난 것을 알 수 있습니다. 이것은 빈곤자가 늘었다고 하는 유력한 증거라고 말할 수 있을 것입니다. 단, 그림을 잘 보면 2004년에 정점에 달한 후, 최근에 노숙자가 감소하고 있는 것도 읽을 수 있습니다. 이것은 도쿄가 자립지원책을 시행한 결과, 노숙자의 수가 약간 감소한 것이라고 생각됩니다. 반대의 견해로 보면, 노숙자의 수를 적게 하기 위한 여러 가지 정책을 시행하면, 나름대로의 효과가 나타난다고 생각할 수 있는 것입니다. 따라서 빈곤에 대해서도 역시 어떠한 정책을 찾을 필요가 있는 것이겠지요.

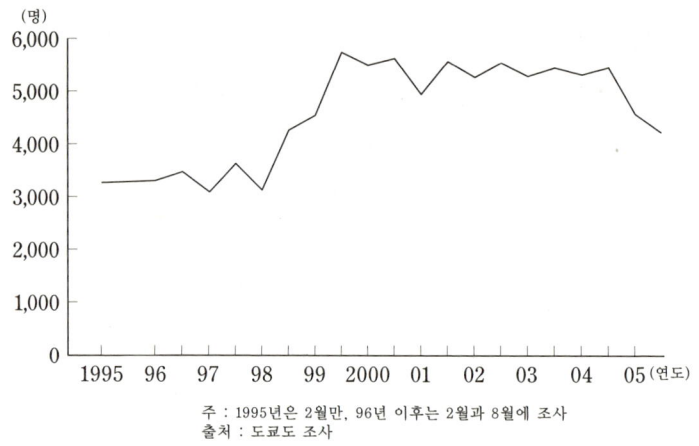

주 : 1995년은 2월만, 96년 이후는 2월과 8월에 조사
출처 : 도쿄도 조사

그림1-6 도쿄의 홈리스족의 변화

### 일본의 빈곤율은 선진국 중 제3위

다음으로 상대적 빈곤에 대해서 이야기하겠습니다. 상대적 빈곤이라는 것은 앞서 말한 바와 같이 다른 사람과 비교하여 어느 정도 경제 상황이 나쁜가 하는 관점에서 분석합니다. 이 방법은 국제비교를 할 때 중요한 지표가 됩니다.

빈곤의 기준은 나라에 따라 사회나 경제상황이 전혀 다르기 때문

표 1-4
OECD각국의
빈곤율(단위:%)

| | | |
|---|---|---|
| 1 | 멕시코 | 20.3 |
| 2 | 미국 | 17.1 |
| 3 | 터키 | 15.9 |
| 4 | 아일랜드 | 15.4 |
| 5 | 일본 | 15.3 |
| 6 | 포르투갈 | 13.7 |
| 7 | 그리스 | 13.5 |
| 8 | 이탈리아 | 12.0 |
| 9 | 호주 | 11.9 |
| 10 | 스페인 | 11.5 |
| 11 | 영국 | 11.4 |
| 12 | 뉴질랜드 | 10.4 |
| 13 | 캐나다 | 10.3 |
| 14 | 독일 | 10.0 |
| 15 | 오스트리아 | 9.3 |
| 16 | 폴란드 | 8.2 |
| 17 | 헝가리 | 8.1 |
| 18 | 벨기에 | 7.8 |
| 19 | 프랑스 | 7.0 |
| 20 | 스위스 | 6.7 |
| 21 | 핀란드 | 6.4 |
| 22 | 노르웨이 | 6.3 |
| 23 | 네덜란드 | 6.0 |
| 24 | 스웨덴 | 5.3 |
| 25 | 체코 | 4.4 |
| 26 | 덴마크 | 4.3 |
| OECD전체 | | 10.7 |

주:국가에 매겨진 수치는 빈곤율(단위:%)이 높은 순
출처:OECD(2004), 전자료와 동일함

에 절대적 빈곤에서는 국제비교가 불가능합니다. 빈곤의 국제비교를 하기 위해서는 먼저 빈곤의 정의를 맞출 필요가 있습니다. 그것을 위해서 그 나라의 평균적인 소득의 50% 이하의 소득밖에 없는 사람을 빈곤자라고 정의합니다. 이와 같은 정의를 하면, 각국의 공통기준으로 산출할 수 있으므로 빈곤의 국제비교에 신뢰성이 더해집니다. 여기서 다룬 OECD조사도 그 정의에 따라서 국민 중 몇 퍼센트가 빈곤자인지를 빈곤율로써 산출하고 있습니다.

현재, 일본의 빈곤율은 국제비교로부터 보면 어떨까요. 이미 매스컴 등에서도 보도되었기 때문에 알고 계신 분도 많겠지만, 놀라운 사실이 OECD의 조사에 의해 보고되었습니다(표1-4).

일본의 빈곤율은 15.3%로 가맹국 중 5위라는 높은 순위를 차지하고 있습니다. 1위가 멕시코로 20.3%, 2위가 미국으로 17.1%, 3위가 터키로 15.9%입니다. 단, 멕시코와 터키는 아직 선진국이라고는 말할 수 없습니다.

따라서 멕시코와 터키를 빼고 선진국만으로 보면 미국이 1위로 2위가 아일랜드, 3위가 놀랍게도 일본으로 되어 있습니다. OECD전체의 평균은 10.7%. 덴마크, 스웨덴, 노르웨이, 핀란드라는 북유럽 각국은 4~6%대로 빈곤율이 상당히 낮습니다. 따라서 국제적으로도 일본의 빈곤율은 상당히 높은 위치에 있다고 말할 수 있습니다.

다음으로 상대적 빈곤율에 대해서 변화를 살펴보겠습니다(표1-5). 일본의 빈곤율은 80년대 중반에 11.9%였던 것이 현재 15.3%까지 늘어나 있습니다. 이것은 꽤나 높은 증가율이라 할 수 있을 것입니다. 다른 나라를 보면, 미국은 계속 높은 수준인 채로 유지되고 있습니다. 유럽에서는 독일, 영국은 늘고 있지만 프랑스는 그다지 변화하지 않았습니다.

이상, 절대적 빈곤과 상대적 빈곤 양쪽으로부터 일본의 빈곤상황을 검증했습니다. 일본의 빈곤율에 대해서는 두 가지 정의 모두에서 빈곤층의 수가 상당히 늘었다고 결론 내릴 수 있습니다.

## 4. 통계에 나타나지 않는 격차의 존재

### 통계에서는 보이지 않는 부유층의 실태

지금까지 여러 가지 통계를 근거로 격차가 벌어져 온 것을 설명했습니다. 경제학자에게 있어서 통계를 근거로 분석하여 결론을 도출하는 것은 당연하며 중요한 일입니다. 그러나 한편, 이 통계 자체에도 한계가 있다는 것을 인식할 필요도 있습니다. 조금 생각해 보면 알게 되는 것이지만, 일본에서 생활하고 있는 사람 모두가 통계에 포함되어 있지는 않습니다. 또한 계측의 오차도 당연히 존재하는 것입니다.

그중에서도 두 그룹은 특히 통계에 미비한 부분이 있습니다. 첫 번째 층은 부유층 즉, 부자들입니다. 이 그룹은 자산이 몇 십억 엔이라든가, 소득이 몇 억 엔이라고 하는 상당한 부자를 염두에 두고 있습니다. 그런 사람들의 소득이나 자산은 자신들마저도

표1-5
선진5개국의 빈곤율 추이(단위:%)

| | 1980년대 중반 | 1990년대 중반 | 2000년 |
|---|---|---|---|
| 미국 | 17.9 | 16.7 | 17.1 |
| 일본 | 11.9 | 13.7 | 15.3 |
| 영국 | 6.9 | 10.9 | 11.4 |
| 독일 | 6.4 | 9.1 | 9.8 |
| 프랑스 | 8.0 | 7.5 | 7.0 |

출처:OECD의 빈곤율조사를 기초로하여 코마무라코헤이駒村康平 토요東洋대학교수가 작성

정확히 파악하고 있지 않은 경우가 많습니다. 왜냐하면 몇 십억이라고 하는 자산은 계산하는 것만으로도 큰일입니다. 따라서 이런 사람들의 소득이나 자산이라는 것은 통계에 포함되더라도 비교적 오차가

큰 경우가 많다는 결점이 있습니다. 또한 부자는 정부에 지불하는 세금도 어마어마한 액수입니다. 그중에는 탈세하는 사람도 있겠지만 그들을 제외하고라도 절세節稅하고 싶다는 생각 정도는 당연한 것이겠지요. 따라서 세무통계를 사용하여, 부자의 소득이나 자산을 측정하더라도 상당히 과소 신고했을 가능성도 생각해 볼 수 있습니다. 이런 이유들을 종합해서 생각한다면 부자들에 관한 통계는 오차가 큰 상태에서 확인이 된다는 결점을 안고 있다고 보아야 할 것입니다.

### 통계에 나타나지 않는 빈곤층이란

부유층 이외에도 통계에 나타나지 않는 또 한 계층이 존재합니다. 부유층과는 반대의 층, 즉 빈곤자나 생활에 곤란을 겪고 있는 사람들입니다. 이들도 역시 통계에서 빠져있다고 생각할 수 있습니다. 예를 들어 노숙자에 대해서 생각해 봅시다. 그림1-6에서 동경의 노숙자에 대한 통계를 나타냈습니다. 하지만 그 실태를 정확히 파악할 수 없는 것이 현재의 실정입니다. 노숙자는 '소득재분배조사'를 비롯한 어느 조사에서도 아마 표본에 나타나지 않을 것입니다. 살고 있는 곳도 확실하지 않기 때문에 조사원도 조사할 방법이 없는 것입니다. 따라서 그런 사람들은 먼저 표본에서 제외되어 버립니다.

그러면 1인 가구는 어떻습니까. 예를 들어, 후쿠오카현福岡縣출신으로 교토京都에 살고 있는 대학생이 있다고 합시다. 거주지 전입신고를 하지 않고, 후쿠오카에 주소지가 있는 채로 있다고 합시다. 그러면 후쿠오카에서 조사할 경우, 학생이 실제로 살고 있는 교토에서는 조사되지 않습니다. 실제적으로는 그 학생은 1인 가구로 생활하고 있는 것인데, 후쿠오카에서 가족의 일원으로 파악될 가능성도 있는 것입니다. 그 외에도 의료시설이나 요양시설 등에 입소해 있는 환자나 노인도 소득에 관한 조사가 행해지지 않을 가능성이 높다고 생각됩니다. 그리고 고령자 가운데 치매에 걸린 사람들도 조사가 어려울 것입니다.

이와 같이 생각해보면 조사 대상에서 빠지는 사람들이 사회에는 많이 존재하고 있습니다. 그리고 대상에서 제외되는 사람들 중에 빈곤자가 많다는 것을 부정할 수는 없습니다.

이런 상황을 감안하면, 부자와 빈곤자 양쪽이 보통의 사람들보다 통계에서 빠지는 경향이 크다고 말할 수 있습니다. 부자 쪽은 본래 더 높은 소득이 있음이 분명한데, 실제보다 낮은 소득이 수치로 나타나며, 빈곤자 쪽은 더 심각한 빈곤상황에 놓여 있을 법한데, 통계의 표본에는 나타나지 않습니다. 따라서 만약 이 두 그룹에서 바른 표본을 취하여, 더 정확한 소득액에 근거해서 조사한다면 빈부 격차가 현재 나타나 있는 것보다 더 벌어질 것을 예측할 수 있습니다. 발표된 통계에 근거하여 나타난 빈부 격차 이상으로 그 실태는 더 심각할 것이라고 생각됩니다. 단, 이것은 어디까지나 추측일 뿐입니다.

### 통계와 과거의 데이터

지금 서술한 것 이외에도 통계상의 문제는 존재합니다. 자주 지적되는 것인데 소득분배의통계라는 것은 어디까지나 수년 전의 데이터입니다. 예를 들어 '소득재분배조사'는 3년마다 이루어지는 것이므로 데이터를 발표하는 시기와 조사한 시기가 서로 맞지 않는 문제가 있습니다. 또한 국제비교를 한 OECD조사도 2000년의 데이터를 사용하여 2004년에 발표하고 있는 것입니다. 따라서 통계의 정리와 분석에 관하여 여기서도 4년의 시차가 있는 것입니다. 그 4년 동안 실제로 일어난 일과 과거의 통계가 나타내고 있는 것의 차이를 어떻게 이해해야 하는지는 전문가마다 다른 의견을 내놓고 있습니다.

반대로 통계를 수집하는 쪽에서 보면 소득 데이터를 수집하는 것은 매우 어렵고 시간이 걸리는 일입니다. 통계를 수집하고 집계하여 발표하는 데 시간이 걸리는 것은 어쩔 수 없습니다. 따라서 최근에 무엇이 일어나고 있는가 하는 것을 정확히 파악하기에는 어쩔 수 없는 한계가 있습니다. 즉, 과거의 수치를 보고 거기에서 여러 가지 요인을 더하여 유추하는 수밖에 없는 것입니다.

이처럼 통계에는 여러 가지 한계가 있습니다. 격차에 관한 데이터에 대해서도 그런 한계는 당연히 존재하며, 그것들을 감안하여 파악할 필요가 있습니다.

# 5. 격차는 '표면적'인가

### '불평등'이라는 지적은 정부를 자극한다

'시작하며'에서도 언급했듯이 격차를 둘러싸고 새로운 논쟁이 일어났습니다. 그 계기는 2006년 1월에 내각이 격차 확대는 통계상의 표면에 지나지 않는다는 견해를 내놓은 것에서 시작됩니다.

이러한 내각의 견해를 듣고, 저는 어느 한 에피소드를 떠올렸습니다. 이미 2004년에 발표된 OECD조사를 검증했습니다만, OECD는 과거 30년 전부터 선진국의 소득분배의 불평등도에 대한 연구를 발표해 오고 있습니다. 1976년에 경제학자 말콤 소이어Malcolm Sawyer가 OECD조사에 관한 보고를 책으로 출판했습니다. 그중에 세계 선진국에서 소득분배가 가장 불평등한 나라는 프랑스라는 보고서를 냈습니다. 참고로 이때 일본은 북유럽 국가들과 같이 분배의 평등성이 높은 나라라고 보고되었습니다. 이 사실이 일본의 소득분배 평등성을 세상에 알린 영향력은 컸고 일본 정부도 이 보고서를 자국을 선전하는 데 사용한 적도 있습니다.

이 보고서에 대하여 프랑스 정부는 OECD에 항의했습니다. 통계방법에 의문을 제기했고 프랑스가 세계 선진국 중에서 가장 소득분배의 불평등성이 높다는 것은 있을 수 없는 일이라고 주장했습니다.

왜 프랑스가 그런 항의를 했느냐는 것에 저는 관심이 있습니다. 어느 정부라도 자국의 소득분배의 불평등성이 높다는 말을 들으면 불쾌하게 생각될 것입니다. 반대로 평등성이 높다면 그것을 국민이 알아주길 바라는 마음은 어느 정부에게나 있을 것입니다. 프랑스에서는 당시 지스카르 데스탱 대통령 스스로가 OECD에 항의했다는 사실이 나타내고 있는 것처럼 불평등도가 높다는 지적은 정부를 심히 자극하는 것입니다.

그리고 오늘날 일본에서도 같은 일이 일어났다고 저는 해석하고 있습니다. 일본에서 격차가 확대되고 있다는 사실이 여러 곳에서 지적되고 있습니다. 그에 대해 앞서 말한 바와 같이 일본 정부는 이것을 필사적으로 부정하고 있습니다. 일본 정부가 이렇게 부정하는 이유와 프랑스 정부가 적극적으로 항의했던 이유는 공통된 것이 아닐까 생각합니다. 즉, 정부는 국민에게 격차 확대에 대해 그다지 알리고 싶지 않은 이유를 갖고 있는 것이 아닌가 의심스럽습니다.

첫째로, 정부의 수장인 고이즈미 수상이 "격차사회의 어디가 나쁜가"라고 회답할 정도이니, 그를 따르는 관료기구가 구태여 격차사회를 부정할 필요는 없다고도 할 수 있습니다.

## '격차표면론'이 놓치고 있는 것

그러면 내각의 '격차는 표면에 지나지 않는다'라는 견해를 구체적으로 검증해 봅시다. 내각은 이 견해에 대하여 여러 가지 근거를 나타내고 있습니다.

첫 번째로 일본에서 저출산·고령화<sub>일본에서는 소자고령화(少子高齢化)라</sub>

고 표현가 진행되고 있는 것을 지적하고 있습니다. 원래 고령자라는 것은 빈부 격차가 크고 소득 격차가 큰 계층이라는 사실을 근거로 내세우며 고령화가 진전되었기 때문에 원래 빈부 격차가 큰 사람의 비율이 늘어난 것일 뿐이지 격차사회가 진행되고 있는 것은 아니라는 설명입니다.

두 번째로 가족 구성의 변화를 지적하고 있습니다. 일본에서는 가계의 인원수가 줄고, 노인 1인 가구와 청년 1인 가구의 두 층을 중심으로 1인 가구의 수가 늘어나고 있습니다. 맞벌이 등 복수의 구성원으로 된 가계보다도 1인 가구 쪽이 소득은 적어집니다. 따라서 그런 1인 가구의 비율이 늘게 된 것도 통계상 격차가 늘어난 것처럼 보이는 것이 그럴 뿐이고 실제로 빈부 격차가 확대된 것은 아니라는 설명입니다.

저는 정부의 이런 설명은 기본적으로는 틀리지 않다고 생각합니다. 고령화가 진전된 것이나 1인 가구의 비율이 늘어난 것에 의해 빈부 격차가 늘어난 것은 사실입니다. 따라서 그 근거자체를 부정할 생각은 없습니다.

그러나 제가 반론하고 싶은 것은 다음과 같은 것입니다. 고령화가 진행되고 또는 1인 가구 수가 늘어났다는 것은 노인 1인 가구의 수가 늘었다는 것을 의미하는 것입니다. 제3장 1에서 상세히 설명하겠지만 제가 조사한 바로는 노인 1인 가구들 중 빈곤자의 수가 상당히 늘어나고 있습니다.

정부가 현재의 격차를 저출산·고령화에 의한 '표면'으로 본다면 이 노인 1인 가구라는 빈곤층이 늘어난 것을 어떻게 생각하고 있는 것인지 저는 묻고 싶습니다. '생활이 곤란한 사람의 수가 늘어난 것을' 표면'으로 보고 무시하는 것입니까?' 라고요. 이런 저의 반론에 대하여 현재까지 정부로부터 답을 듣지 못하고 있습니다.

### 세이프티 넷safety net[3]과 격차의 관계

나중에 상세히 설명하겠지만, 일본 사회에서 정부에 의한 세이프티 넷의 규모가 작아지고 있습니다. 세이프티 넷이라는 것은 간단히 말하자면, 불행에 빠진 사람들이 자기의 저축, 가족의 도움에 더해 고용보험이나 생활보호, 의료보험, 개호介護보험 등 여러 가지 형태의 사회보장급여를 받는 것입니다. 세이프티 넷을 부담하는 주체는 가족, 정부, 기업, 본인 등 여러 가지인데, 그중에서 여기에서는 주로 정부에 의한 세이프티 넷에 주목하겠습니다.

이 세이프티 넷의 규모가 질과 양, 쌍방에서 최근 10~15년 사이에 축소되고 있습니다. 세이프티 넷의 규모가 작아진다는 것은 여러 가지 소득유지정책의 축소를 의미하기 때문에 사람들의 소득이 저하되고 빈곤자의 수를 늘리는 것으로 이어집니다. 그러한 정책을 추진하면서 한편으로 정부가 '격차확대는 실제로는 일어나지 않았다' 고 주

---

[3] 세이프티 넷 : safety net, 사회안전망, 최저생활보장제도

장하는 것은 실은 자기모순에 빠져 있는 것은 아닌가 하는 것도 생각해 볼 수 있습니다.

정책에서는 격차확대를 조장하고 있으면서 통계상으로는 격차확대는 일어나지 않았다고 주장하는 것에 대해 저는 무리가 있다고 생각합니다. 그러한 점에서도 정부의 견해는 역시 타당하지 않다고 판단합니다.

## 제대로 된 데이터를 공표해야 한다

앞서 말한 바와 같이 한편으로 정부는 격차가 확대되고 있다는 지적에 민감해 있습니다. 거기서 정부는 경기가 회복기에 있다고 설명하기 시작했습니다. 경기가 회복과정에 있으므로 실업률은 이만큼이나 줄었고 유효구인배율[4]도 이렇게 늘어나지 않았는가 하고 비교적 금방 통계를 내기 쉬운 최근의 데이터를 사용하여 나타내고 있습니다. 그것에 의해 소득 격차의 폭이 줄어들기 시작했다는 주장을 정부는 필사적으로 하고 있습니다.

하지만 최근의 실업률 데이터로 정부의 주장을 뒷받침한다면 역시 소득에 관한 데이터가 이용가능하게 된 후부터 소득분배가 평등화되어 있다는 것을 사실에 근거하여 제시하길 바라는 바입니다. 정부가 제시하는 것과 같은 간접적인 데이터에서는 정확한 것은 말할 수 없습니다.

---

4) 유효구인배율 : 공공기관에 신청된 구직자수에 대한 구인수의 비율

표1-6
전세대 및 고령자세대의
연간소득금액의 지니계수추이

| 연차 | 전세대 | 고령자세대 |
|---|---|---|
| 1994년 | 0.3918 | 0.4464 |
| 1997년 | 0.3954 | 0.4309 |
| 2000년 | 0.3997 | 0.4159 |
| 2001년 | 0.3965 | 0.3957 |
| 2002년 | 0.3986 | 0.4192 |
| 2003년 | 0.3882 | 0.3906 |
| 2004년 | 0.3999 | 0.4131 |

출처:후생노동성 '국민생활기초조사'

더욱이 최근의 데이터에 대해서는 본서를 집필하고 있는 중에도 다음과 같은 데이터가 공표되고 있습니다. '소득재분배조사'의 기초인 '국민생활기초조사' 2005년의 수치입니다. 전세대와 고령자에 관하여 지니계수를 나타낸 것이 표1-6입니다. 이것에 따르면 2003년부터 2004년에 걸쳐서 지니계수가 전세대, 고령자 모두에서 상승한 것을 알 수 있습니다. 여기에서의 소득은 재분배 전 소득이므로, '소득재분배조사'에 있어서의 재분배 후 소득과는 직접비교할 수 없지만, 이렇게 가장 최근의 데이터를 사용했다고 하더라도 재분배 전 소득에서는 소득분배의 불평등화가 진행되고 있는 것입니다.

20005년과 2006년이 경기회복상태라는 것은 사실입니다. 따라서 정부의 주장이 바르고 격차확대는 멈추고 축소의 기미가 보인다고 가정하면, 격차의 확대를 문제라고 생각하고 있는 제게 있어서도 좋은 일이라고 할 수 있습니다.

# 02

## '평등신화' 붕괴의 요인을 찾다

빈부 격차가 확대된 원인들

제1장에서는 여러 가지 데이터를 사용하여 오늘날의 일본 사회의 격차현상이 어떤지에 대하여 검증했습니다.

그 결과 일본은 예전보다 소득분배의 불평등도가 높아졌으며 특히 빈곤층에서는 경제상황이 심각해졌다는 것을 수치로부터 알 수 있으셨을 것입니다. 본 장에서는 이러한 격차의 확대가 왜 일어났는지 그 요인을 생각해보고자 합니다.

## 1. 장기불황과 실업의 증대

### 전후戰後 두 번째의 고실업률을 경험

일본 사회에서 격차가 확대된 원인은 몇 가지가 있습니다. 첫 번째로 장기불황의 영향이 있습니다. 일본경제는 1990년경부터 최근까지 15년 정도의 장기간에 걸친 불경기가 계속되었습니다.

그 영향을 받아 실업률도 높아지고 있습니다(그림2-1). 그 이전의

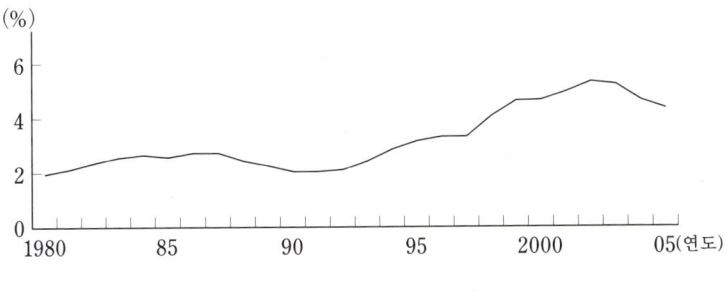

출처 : 총무성 '노동력 조사'
그림2-1 실업률의 추이

실업률은 2% 전후였는데 장기불황에 돌입한 이후 한때 전후 두 번째로 높은 5.5%까지 달했습니다. 극히 최근에서야 가까스로 실업률이 저하되고 있습니다.

실업자란 단적으로 말하자면 소득이 제로인 상태인 사람을 의미합니다. 따라서 실업률이 높아지면 빈곤층도 늘고 격차도 넓어지게 됩니다.

### 실업자의 두 가지 정의

실업률에는 계측방법에 따라 두 가지의 정의가 있습니다. 첫 번째는 정부가 발표하는 이른바 '공표실업률' 입니다. 과거 한 주간 동안, 전혀 일을 하지 않고 진지하게 구직활동을 하고 있는 사람을 실업자로 정의하여 계측합니다. 정부는 이것을 매월 발표하고 있습니다.

한편 이것과는 별도의 계측방법이 있습니다. 정부의 공표실업률에서는 진지하게 일을 찾고 있는 것이 실업자의 중요한 조건입니다. 하지만 구직활동을 해도 일을 구하지 못할 것이라 예측하여 구직활동을 그만두는 사람도 불경기라는 상황 속에서는 적지 않습니다. 예를 들어 취직할 의사는 있지만 포기하고 집에 들어와 버린 사람을 생각할 수 있습니다. 그런 사람들을 통상 '잠재실업자' 라고 부릅니다. 불경기가 심각해지면 그 수는 당연히 늘게 됩니다. 공표실업자 뿐만 아니라 이 잠재실업자도 저소득자를 생각할 때 중요한 요소입니다.

이렇게 실업자에는 두 가지의 정의가 존재하고 있으므로 양쪽 모두를 시야에 넣을 필요가 있습니다. 공표실업자와 잠재실업, 양쪽을 합치면 잠재실업률은 남성보다도 평균적으로 여성이 높습니다. 이미 10%를 넘는 결과가 제 계산으로는 나오고 있습니다. 잠재실업률은 공표실업률보다도 2~3배 정도 높다고 생각하면 맞을 것입니다.

또한 실업자를 생각할 때 중요한 것은 실업의 기간입니다. 불황상태가 계속되면 실업기간이 길어지는 사람의 수도 늘어납니다. 물론 경기가 좋은 때에도 실업자는 존재합니다. 하지만 경기가 좋으면 실업자는 곧바로 직업을 구할 수 있으나 경기가 나쁘면 좀처럼 취직하기가 쉽지 않습니다. 따라서 일본에서는 최근 15년 정도의 장기불황 중에 실업기간이 긴 실업자가 많았다고 하는 지적도 중요합니다. 예를 들어, 2001년에는 실업기간이 1년 이상인 사람은 남성 31.1%, 여성이 17.6%였습니다. 1년 이상의 실업기간이라는 것은 심각한 사태라고 말할 수 있습니다(표2-1).

표 2-1
남녀별, 연령별로 본 완전실업자의 실업기간 (단위:%)(2001년)

| 남성 | 3개월미만 | 6개월미만 | 1년미만 | 1년이상 |
| --- | --- | --- | --- | --- |
| 총계 | 34.2 | 13.0 | 21.2 | 31.1 |
| 15~24세 | 44.1 | 14.7 | 20.6 | 20.6 |
| 25~34세 | 40.8 | 10.2 | 16.3 | 30.6 |
| 35~44세 | 37.5 | 12.5 | 25.0 | 25.0 |
| 45~54세 | 34.5 | 13.8 | 20.7 | 31.0 |
| 55세이상 | 19.6 | 12.5 | 23.2 | 42.9 |

출처:총무성 '노동력조사 특별조사보고서'

| 여성 | 3개월미만 | 6개월미만 | 1년미만 | 1년이상 |
|---|---|---|---|---|
| 총계 | 47.2 | 17.6 | 16.8 | 17.6 |
| 15~24세 | 58.6 | 13.8 | 17.2 | 10.3 |
| 25~34세 | 52.6 | 18.4 | 10.5 | 18.4 |
| 35~44세 | 47.6 | 19.0 | 14.3 | 19.0 |
| 45~54세 | 33.3 | 19.0 | 28.6 | 19.0 |
| 55세이상 | 31.3 | 18.8 | 25.0 | 31.3 |

출처:총무성 '노동력조사 특별조사보고서'

## 2. 고용에서 넓어지는 격차

### 비정규고용의 증대

고용시스템의 변화도 격차확대의 중요한 요인입니다. 왜냐하면 일본의 고용시스템은 최근 수년간 급격한 변화를 이루었는데, 그것이 격차에 큰 영향을 미치고 있기 때문입니다. 그 큰 변화의 하나는 비정규직의 수가 상당히 늘었다는 것입니다.

비정규직에도 여러 가지 형태가 있습니다. 대표적인 것은 시간제 근로자입니다. 정해진 시급 일반적으로 정규직보다 싼 임금으로 단시간 근로에 종사하는 것입니다. 다음으로 고용기한제근로자라는 것도 있습니다. 즉, 2개월이라든지 6개월 등, 고용하는 기간을 정해서 그 고용기간이 끝나면 해고되는 것입니다. 재고용되는 경우도 있으나 불안정 취업임에는 의심의 여지가 없습니다. 그 외에 파견근로자라는 것도 있습니다. 이것은 파견회사에 등록해 두고 어느 기업이 이러한 인재가 필요하다고 요청하면 파견회사로부터 그 기업에 파견되어 단기간동안 일하는 것입니다. 참고로 프리터free와 arbeiter를 합성한 조어, 평생 정규직을 갖지 않고 살아가는 '파트타이머' 등은 시간제 근로자나 고용기한제근로자의 경우도 있습니다. 비정규직을 둘러싸고 최근, '위장청부' 제도가 문제되고 있습니다. 실태는 파견근로이면서 청부근로자로 노동시키고 노동법 등의 속박에서 벗어나서 노동비 절감을 추구하는 것입니다.

오늘날 이러한 비정규직의 수가 상당히 늘고 있습니다. 그림2-2는 정규직 근로자와 비정규직 근로자의 추이를 나타낸 것입니다. 1995년 정규직은 3,779만 명, 비정규직은 1,001만 명이었습니다. 그것이

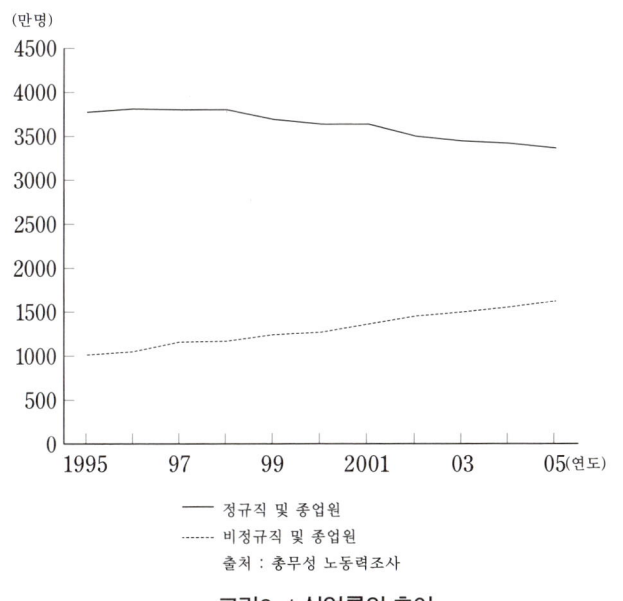

**그림2-1 실업률의 추이**

'평등신화' 붕괴의 요인을 찾다

2005년에는 정규직이 3,374만 명, 비정규직이 1,633만 명이 되었습니다. 즉 최근 10년 동안 정규직이 400만 명 줄고, 비정규직이 약 630만 명이나 늘어난 것이 됩니다. 이것은 격차확대의 큰 요인이라고 저는 생각합니다. 왜 비정규직의 증대가 격차확대로 이어지는 것일까요.

첫 번째로 정규직과 비정규직 사이에는 시간당 임금에서 격차가 존재합니다. 비정규직의 임금은 통계에 따라 다소 차이가 있겠지만 꽤 낮은 수준으로 정규직의 60~70% 정도로 알려져 있습니다.

두 번째로 비정규직이라는 것은 시간제 근로자에서 보듯이 근로시간이 비교적 짧다는 것을 생각할 수 있습니다. 따라서 임금이 낮은데다 한 달 동안 일하는 노동시간이 적기 때문에 정규직과 비교하여 총임금액이 낮아지게 됩니다.

세 번째로 비정규직이라는 것은 고용이 불안정합니다. 기한제근로자나 파견근로자는 고용기간이 끝나면 다음 일을 구할 수 없는 한, 곧바로 실업자가 됩니다. 언제든지 무직자, 무소득자로 빠지게 될 가능성이 있는 것입니다. 이렇게 원래 임금이 낮은데다 불안정한 입장에 놓여있는 비정규직이 늘어나면 그것은 격차의 확대로 이어지게 되는 것입니다.

### 비정규직이 늘어난 이유는 무엇인가

최근 비정규직이 늘어난 것은 무엇 때문일까요? 네 가지의 요인을 지적하고자 합니다.

첫 번째로 생각할 수 있는 것은 불경기에 의한 영향입니다. 불경기가 되면 기업으로써는 되도록 노동비용을 억제하려고 생각하는 것은 당연합니다. 따라서 임금이 낮은 비정규직을 많이 이용하는 것은 기업 측에서 보면 노동비용의 절감을 위해 당연한 선택이라고 할 수 있습니다.

두 번째로 비정규직의 다수는 사회보험제도에 가입되어 있지 않습니다. 이것도 기업측에게는 이익이 되는 것입니다. 고용보험, 후생연금, 의료보험이라는 사회보험에 가입되어 있지 않은 사람이 비정규직 중에는 많이 있습니다.

예를 들어 고용보험에 가입하기 위해서는 주당 20시간 이상 일하고 있어야 합니다. 또한, 고용기간, 고용계약이 1년 이상이어야 한다는 조건도 있습니다. 그런 까다로운 조건하에서는 저절로 고용보험에 들어갈 수 없는 사람의 수가 늘어나게 됩니다. 앞서 이야기한 비정규직의 정의를 생각하면 많은 사람이 그런 조건에 들 수 없을 것이라는 것을 알 수 있습니다. 그 결과, 많은 비정규직들이 고용보험에 들 수 없게 되는 것입니다.

후생연금도 마찬가지입니다. 후생연금에 가입하기 위해서는 주당 노동시간이 정규직의 4분의 3이상이어야 할 필요가 있습니다. 반대로 말하면 4분의 3미만의 노동시간밖에 없는 사람은 후생연금에 가입할 수 없습니다. 의료보험에 대해서도 말하자면 조합건강보험, 정부가 관장하는 보험 등, 여러 가지 종류가 있습니다. 가정의 세대주가 보험자라면 그 배우자 등 피부양인은 세대주가 가입한 보험에 들 수 있습니다. 즉 피부양인이 일하는 회사에서는 의료보험에 가입하지 않습니다.

사회보험료는 사업주와 근로자가 절반씩을 부담하고 있으므로 그 회사는 사회보험료의 사업주 부담분을 지불할 의무가 없다는 것을 의미합니다. 하지만 연수입이 130만 엔을 넘으면 그 사람은 독자적으로 의료보험에 가입할 필요가 있습니다. 이 때문에 의도적으로 130만 엔 미만이 되도록 근로시간을 억제하는 근로자도 있습니다. 또한 기업도 보험료의 사업주 부담을 면하기 위하여 근로자의 근로시간 삭감에 협조하는 일도 있습니다. 사회보험의 사업주 부담이 없는 비정규직은 기업에게 있어서 매력적입니다. 이것도 비정규직이 증가한 이유 중 하나입니다.

세 번째로 해고가 간단히 가능한 비정규 고용의 특징도 들 수 있습니다. 기업이 사업부진에 빠지면 가장 먼저 자르기 쉬운 비정규직을 해고합니다. 그것으로 인하여 노동비용의 억제를 추구하는 것입니다. 한편 정규 고용의 경우라면 간단히 해고할 수 없습니다. 이러한 면에서도 기업에서 비정규직을 고용하는 이유가 있는 것입니다.

네 번째로 특히, 서비스업에서 많이 나타나는데, 어떤 기업이든지 시간에 따라 바쁠 때와 그렇지 않은 때가 있습니다. 예를 들면 레스토랑에서는 점심때와 저녁때가 바쁘고 일손이 많이 필요하게 됩니다. 따라서 점심때나 저녁때만 일해 줄 시간제 근로자는 그런 기업의 사정에 딱 맞는 조건인 것입니다.

### 비정규직 외에는 선택이 없다는 현실

이렇듯 기업에서는 비정규직을 고용하는 것에 여러 가지 장점이 있는 것입니다. 그러나 비정규직이 많아지는 원인에 기업의 원인만 있는 것은 아니라는 것도 생각해야 합니다. 청년이나 기혼여성 중에는 자진 해서 시간제 근로나 기한제 고용을 바라는 사람도 있습니다. 여성의 경우라면 자녀가 어린 경우 등, 가정 사정에 의해 정규직으로 일할 수 없거나 일하기 싫다는 사람도 적지 않습니다. 고령자라면 체력면에서도 단시간 근로를 희망하는 사람도 있을 것입니다. 또한 청년 중에는 정사원으로 일함으로 인해 자신의 시간을 빼앗기는 것을 피하고 싶다거나 또는 자유로운 시간을 원하는 사람도 있을 것입니다.

단, 여기서 중요한 것은 본인은 정규직을 희망하고 있음에도 불구하고 기업이 비정규 고용의 실익을 중시하여 정규직으로 고용해 주지 않는 것이 실제로 적지 않다는 것입니다. 그 결과 자신은 비정규직을 희망하지 않으나, 희망과 다르게 비정규직에 머물러 있는 상황이 생기고 있습니다. 그것을 어떻게 할 것인가라는 것은 중요한 문제입니다. 이것에 대하여는 제4장에서도 상세히 서술하겠습니다.

### 규제완화와 비정규 고용

비정규직이 늘어난 것에 대하여 한 가지 논점을 더 소개해 두겠습니다. 노동시장의 규제완화에 대해서입니다. 현재 노동시장에서 규제완화가 진행되고 있습니다. 예를 들어 파견근로자로 고용할 수 있는 업종의 수가 늘고, 또는 파견근로자의 파견 기간에 관한 결정도 대폭 완화되었습니다. 그 결과, 기업이 쉽게 파견근로자를 시작으로 하는 비정규직을 고용할 수 있게 된 것입니다. 따라서 그 점을 들어 노동시장의 규제완화가 비정규직의 수를 급증시켰다고 지적하는 사람도 있습니다. 확실히 노동시장의 규제완화가 비정규직을 늘린 것은 사실일 것입니다. 그러나 격차의 확대라는 점에서 생각하면 노동시장의 규제완화는 그다지 중요한 요소는 아니라고 생각됩니다. 노동시장의 규제완화보다도 오히려 산업에서 기업 참가의 자유화라는 규제완화 쪽이 격차확대에 대해서는 중요한 요인이지 않을까 생각합니다.

택시업계를 예로 들면 알기 쉬울 것입니다. 택시업계에서는 행정부가 지역에 따라 택시의 수를 정하고 있었습니다. 최근 그런 규제를 철폐하여 누구라도, 어느 기업이라도 택시업계에 참가할 수 있게 했습니다. 그 결과, 택시의 수가 상당히 늘어났습니다. 택시의 수가 늘어도 택시를 이용하는 사람의 수는 그만큼 늘지 않습니다. 따라서 한 대당 매상이 줄고 택시기사의 수입이 줄어든 결과가 되었습니다. 실제로 택시기사의 연수입은 최근 몇 년 사이에 상당히 낮아진 것이 통계에서 확인되고 있습니다. 기업의 진입장벽을 제거하여 어느 기업이라도 사업을 가능하게 만들어주는 규제완화의 효과는 임금의 격차확대로 이어졌다고 판단할 수 있습니다.

참고로 택시의 예에 대하여 규제완화를 추진하는 쪽에서는 다음과 같은 의견을 내고 있습니다. 택시의 대수 증가는 택시요금의 인하를 부추겼기에 소비자의 이익은 크며, 또한 택시기사의 증가는 실업률을 저하시키는 효과를 가져왔다는 주장입니다. 이런 이득은 택시기사의 소득저하라는 결점보다 크게 생각할 수 있다고 그들은 말합니다. 그러나 그저 실업률을 저하시키는 행정의 효과를 논한다면 택시의 대수를 증가시켜 고용수를 늘리는 것이 아니라 다른 업종의 일을 증가시키는 편이 정당하지 않을까 생각합니다.

### 서비스 잔업도 고용을 축소시킨다

여기까지 비정규직을 중심으로 서술했습니다. 한편 정규직에서도 새로운 문제가 일어나고 있어, 그것도 비정규직이 늘어나는 요인이라고 생각합니다. 그것은 서비스 잔업입니다. 시간외 노동에 대해서 기업이 임금을 지불하지 않는 경우를 말하는 것입니다. 전력회사 등 공익성이 높고 일류라고 불리는 대기업에서도 최근 서비스 잔업을 하고 있었다는 것이 적발되고 있습니다.

서비스 잔업은 당연히 위법행위입니다. 그러나 오늘날과 같이 이직移職이 어려운 상황에서는 회사로부터 서비스 잔업을 요구받으면 참고 기업에 공헌하려는 의식이 일하게 만들 것입니다. 또한 서비스 잔업을 거부하지 않고, 열심히 일하는 모습을 경영진에 어필하여 승진이 빨리 되게 하려는 생각도 있을지 모릅니다.

서비스 잔업이 엄격하게 금지된다면 기업은 정규직에게 그 잔업 분에 대해서 임금을 지불하게 되거나 새로운 사람을 고용하여 그 분량의 일을 시키게 됩니다. 따라서 정규직에게 서비스 잔업을 부과하는 것은 새로운 고용의 가능성을 없애고 있는 것이 됩니다. 이것도 비정규직이 줄지 않는 요인이라고 생각합니다.

### 경기회복은 고용의 격차를 해소하는가

본 장의 1에서 불황이 실업률을 높여 그 결과 소득분배의 불평등도 확대되었다는 것을 설명했습니다. 현재 일본경제는 경기회복과정에 있습니다. 경기가 좋아지면 소득분배의 불평등도 축소된다는 것은 많은 선진국들이 공통적으로 경험하고 있습니다.

그렇다면 일본의 경우에도 이대로 경기가 좋아지면 고용격차는 자연히 축소하는 방향으로 선회하는 것일까요? 저는 꼭 그렇다고는 생각지 않습니다. 왜냐하면 먼저 경기회복 기미가 보이는 것은 일부의 대기업에 국한된 것뿐으로 지방이나 중소기업에는 그것이 아직 파급되지 않았다는 소리를 가는 곳마다 듣기 때문입니다. 그리고 경기가 회복되더라도 비정규직을 정규직으로 전환하는 것을 경기가 회복된 것과 같은 비율만큼 기대할 수는 없기 때문입니다. 즉, 기업이 그렇게 간단히 정규직의 수를 늘리려 하지 않을 것이라고 저는 예측하고 있습니다. 이것을 구체적으로 검증하겠습니다.

경기회복이 일부에서 보이고 있다는 것은 사실입니다만 기업이 신입직원을 고용할 때는 그해 졸업생을 중심으로 고용하는 것이 일반적입니다. 예를 들어 경기회복을 보인 2006년 3월에 졸업한 사람들의 구직상황은 호조를 띠었습니다. 대졸의 취업률이 95%, 고졸의 취업률이 92%라는 수치가 보고되어 있습니다. 그러나 기업은 시간제 근로자 등을 새로 정규직으로 채용하려는 행동을 취할까요? 저는 다음과 같은 이유로 부정적으로 보고 있습니다.

첫 번째로 앞서 말한 것과 같이 기업은 최근 15년간의 장기불황 중에서 비정규직을 고용하는 것의 이득을 경험했다는 것을 들 수 있습니다. 정규직의 수를 늘리면 노동비용이 늘 것이라고 기업은 생각합니다. 또는 근로자의 고용수를 간단히 변동시킬 수 있는 등, 비정규직이 가지고 있는 장점을 잃고 싶지 않다는 의식도 영향을 끼쳤을 것입니다. 따라서 그해 졸업생을 중심으로 채용을 늘리고 기존 비정규직은 그대로 비정규직으로 두고자 하는 의도를 기업은 갖게 될 것이라고 생각합니다.

두 번째로 주로 시간제 근로자에 대하여 살펴볼 것인데, 기업은 한번 시간제 근로자가 된 사람을 정규직으로 고용하지 않는 경향이 현저하게 보입니다.

시간제 근로자에 만족하고 있는 사람들을 근로의욕이 없다고 판단하는 기업도 적지 않습니다. 또는 일에 대한 숙련도가 부족할 것이라는 생각도 영향을 줍니다. 따라서 시간제 근로자를 적극적으로 고용하여 정규직으로 전환하려는 의사는 기업에서 그다지 찾아볼 수 없는 것이 현실입니다. 실제로 2006년에 경영자단체가 시행한 설문조사에 의하면 시간제 근로자를 고용하겠다고 회답한 대기업은 단 20% 정도에 불과했습니다. 본래 일본 사회에서는 기업에 채용된 사람의 교육과 훈련은 주로 기업이 행해 왔습니다. 그러나 이번 불경기로 인하여 기업에는 그럴 자금적인 여유가 없어졌습니다. 따라서 시간제 근로자를 교육하고 훈련시켜 정규직으로 바꾸려는 노력을 기업에게서 기대할 수 없겠지요.

이렇게 생각해 보면 경기회복이 보일지라도 비정규직의 수가 감소하여 그것이 고용에서의 격차를 해소시켜 줄 것이라는 기대는 하기 어려울 것입니다.

## 3. 소득분배시스템의 변화

### 옅어지는 '임금결정의 중앙집권주의'

다음으로 격차확대의 한 원인인 일본의 소득분배시스템, 특히 임금결정방식이 변화한 것에 대하여 논하겠습니다. 소득은 여러 가지 구성요소로 이루어져 있는데 특히 중요한 구성요소인 임금에 관하여 서술하고자 합니다. 일본 사회에서 임금결정방식이 중장기적으로 바뀌었다는 것을 격차확대의 중요한 원인으로 들 수 있습니다.

이전의 일본의 임금은 소위 '춘투방식'으로 불리는 방법으로 결정되고 있었습니다. 즉 매년 봄이 되면 각 산업별로 경영자 대표와 노동조합의 대표가 교섭을 진행합니다. '이정도 생산성이 늘었으니까 임금도 이 정도 인상해 주길 바란다.' 라는 형식으로 대화를 진행하여 중앙에서 매년 임금을 결정했습니다.

경제학에서는 춘투방식과 같이 중앙에서 결정하는 방식을 '임금결정의 중앙집권주의' 라 부르고 있습니다. 즉 중앙에서 일률적으로 임금을 결정해 버리는 방식입니다. 이러한 방식을 채용하고 있는 나라는 자본주의국가 중에 꽤 있습니다. 독일이나 네덜란드 또는 북유럽 국가들은 중앙에서 노사대표와 때로는 정부대표도 참가하여 그 나라의 임금 수준을 결정하는 제도를 채용하고 있습니다. 참고로 이러한 임금결정방식이 정착되어 있던 네덜란드에서는 거기에서 소위 워크셰어링[4]이라는 아이디어가 태어나게 되었습니다. 이것에 대해서는 제5장의 2에서 서술하기로 하겠습니다.

한편 중앙집권에 대립하는 생각으로 '분권화방식'이라는 것이 있습니다. 분권화방식은 중앙에서 임금을 결정하는 것이 아닌 각 기업 차원에서 사원의 임금인상률을 결정하는 방법입니다.

이러한 개념이 더 진행되면 그 기업의 노동조합대표가 경영자와 교섭하여 임금을 결정하는 것이 아니라 사원 개개인이 경영진과 직접 교섭하여 임금을 결정하는 방식이 됩니다. 그것을 분권화 중에서도 특히 '개별임금결정방식'이라고 합니다.

일본의 경우, 춘투방식은 최근 10~15년 사이에 무너져 있습니다. 춘투는 이미 끝나고 분권화가 꽤 진행되었다는 견해를 가진 사람도 있습니다. 저도 일본은 분권화과정에 있다고 보고 있습니다. 현재의 일본에서는 많은 경우, 각 기업의 조합대표와 경영자가 교섭하여 임금을 결정하는 방식이 일반적이라고 생각합니다.

참고로 분권화방식 중 개별임금결정방식을 채용하고 있는 대표적인 나라는 미국과 영국입니다. 일본의 경영자 중에는 일본도 이 개별임금결정방식을 수용해야 한다는 데 생각을 같이하는 사람들이 늘어

---

4) 워크셰어링(work sharing) : 노동자들의 임금을 삭감하지 않고 고용도 유지하는 대신 근무시간을 줄여 새로운 일자리를 만들어 가는 제도. 종업원의 1인당 노동시간을 줄이는 대신 그만큼 고용을 늘리거나 현재의 고용 상태를 유지하는 제도를 말한다.

난 듯합니다.

## 임금결정의 분권화가 가져오는 변화

그러면 임금결정방식이 중앙집권주의에서 분권화로 이행되는 것이 무엇을 의미하는 것일까요? 세 가지의 현상을 통해 설명하고자 합니다.

첫 번째로 실적이 좋은 기업과 나쁜 기업의 격차가 벌어진다는 것을 지적할 수 있습니다. 중앙집권주의의 경우 산업별로 임금을 결정합니다. 따라서 실적이 좋은 기업도 나쁜 기업도 같은 산업이라면 일률적으로 임금상승을 기대할 수 있었습니다. 그러나 분권화방식에서는 각 기업에서 결정하기 때문에 실적이 좋았던 기업과 나빴던 기업 간에 지불능력에 차이가 생겨 임금에 격차가 나게 됩니다. 당연히 실적이 나쁜 기업 근로자들의 임금이 낮아지겠지요.

이러한 기업 간의 격차에 대해서는 기업의 규모도 영향을 주고 있습니다. 현재의 일본을 봐도 대기업들이 실적이 좋고 높은 이익을 내고 있습니다. 그러나 중소기업에서는 실적부진에 괴로워하고 있는 곳이 적지 않습니다. 따라서 임금결정방식의 변화는 기업규모에 의한 임금격차의 확대로 이어진다고 생각할 수 있습니다.

두 번째로 개인 간의 격차입니다. 분권화방식에서도 개별임금결정방식에서도 같은 기업에서 좋은 실적을 올린 사람, 그렇지 못한 사람 간에 임금격차가 벌어지게 됩니다. 현재 일본의 기업에서도 이런 방식을 채택하는 기업이 늘어나고 있습니다.

세 번째로 기업 간, 개인 간의 격차에 더하여 중앙과 지방의 소득 격차확대도 지적할 수 있습니다. 오늘날 일본의 기업을 보면 중앙에 있는 기업이 비교적 좋은 실적을 내고 있고 지방에 있는 기업은 부진한 현상이 나타나고 있습니다. 불경기에 고심하고 있는 기업은 지방에 많다는 사실입니다. 따라서 지방에서 일하고 있는 사람의 임금은 평균적으로 낮아질 수밖에 없는 것입니다.

### 연공서열임금의 의미

임금결정방식의 변화 중에 최근 성과주의 임금의 도입이 늘고 있는 것도 중요합니다. 지금까지 일본 기업들의 임금은 연공서열에 의해 결정되는 경우가 많았습니다. 즉 근로자의 연령과 그 기업에서 일하고 있는 연수가 늘어남에 따라 임금이 상승하는 방식입니다. 종전終戰 직후, 전기산업이 임금의 연공서열 방식을 도입하여 그것을 다른 업종과 기업에도 적용시켜 보급했습니다.

연공서열 임금의 발상에는 생활급이라는 개념이 있습니다. 즉 사람은 나이가 들수록 돈이 많이 필요하게 된다는 생각입니다. 예를 들면, 집을 지어야 한다거나 자녀의 교육비가 증가한다거나 부양가족도 늘어난다는 것 등입니다. 이러한 개념에 입각한 것이 생활급입니다. 이 방식은 직무가 유능한 사람도, 그렇지 않은 사람도 연령만 올라가면 임금이 늘기 때문에 어떤 의미에서는 사람을 평등하게 다루는 개념이라고 해석할 수도 있습니다.

이 생활급 개념은 당시 일본에서 일정한 힘을 보유하고 있던 마르크스주의의 주장에도 영향을 받고 있습니다. 마르크스주의는 임금결정에 있어서, 근로자의 생활에 필요한 금액에 응해 지불해야 하는 것으로 보는 '필요도로부터의 요청'이라는 사상을 가지고 있었기 때문입니다.

　전후, 일본의 기업에서 이러한 연공서열 임금방식은 일반적이었습니다. 그것도 제대로 기능해 온 것입니다. 이 연공서열 임금이 채용되어 보급된 이유로는 전후 얼마간 일본이 빈곤했던 것을 들 수 있습니다. 나라 전체가 빈곤하기 때문에 일에 대한 능력에 따라 임금에 격차를 둘 여유 같은 것은 없었다는 것입니다. 모두 평등하게 다룰 수밖에 없었던 것입니다.

　또한 그렇게 평등하게 다루는 것은 또 다른 측면도 강조하게 됩니다. 즉 전원이 협력하여 열심히 하자는 분위기가 강조되게 된 것입니다. 격차를 두게 되면 불만을 가지는 사람도 적지 않게 나오게 됩니다. 그렇게 되면 의욕을 잃어 열심히 하지 않는 사람도 나오게 될지도 모릅니다. 반면 연공서열 임금은 모두가 높은 근로의욕을 가질 수 있는 시스템으로 기능했습니다. 이 방법이 일본의 기업조직에 알맞은 것이라는 합의가 과거에 형성되어 있었다고 생각합니다.

### 성과주의 임금의 도입

　하지만 고도성장기를 지나 일본도 풍족하게 되었습니다. 그것과 함께 연공서열이나 생활급적인 개념에 불만을 가진 사람들이 나타나기 시작했습니다. 열심히 하는 사람이나 유능한 사람 중에서 평등주의에 의해 자신의 임금이 늘지 않는 것에 대한 불만을 가진 사람들이 서서히 나오게 된 것입니다.

또한 고도성장기 이후, 기업의 지불능력이 높아졌기 때문에 열심히 하는 사람이나 유능한 사람에 대하여 높은 임금과 빠른 승진으로 보상해줄 여유도 생기게 되었습니다. 높은 임금을 받을 수 있다는 것이 동기가 되자 근로자들도 더 열심히 일해야 하겠다는 생각을 갖기 시작했습니다. 그렇게 해서 소위 능력주의, 성과주의라 불리는 방식을 도입하는 기업도, 최근 10년 사이에 늘어났습니다.

미국과 영국에서는 다수의 기업이 성과주의 임금을 채택하고 있습니다. 유능한 사람, 열심히 일하는 사람을 우대하는 것이 그 사람들의 근로의욕을 더욱 높여 기업의 업적 향상으로 이어지게 된다는 개념입니다. 일본에서도 그러한 개념을 믿는 경영자가 늘어나고 있습니다. 또한 근로자 중에서도 이 개념을 지지하는 사람이 늘어나고 있습니다. 성과주의 임금이 도입되면 근로자 간의 임금격차 확대가 생깁니다. 따라서 성과주의 임금을 도입하는 기업이 늘면 임금격차가 더 넓어지게 됩니다. 현재의 소득 격차확대에는 이런 원인도 있다는 것을 생각해야 합니다.

### 어려운 '공정한 평가'

저는 이 능력주의를 나쁘다고는 생각하지 않습니다. 앞서 이야기한 바와 같이 과거에는 기업에게 직원의 능력에 따라 임금을 지불할 만큼의 여유가 없었습니다. 또한 거의 모든 사람이 빈곤한 상황에서는 전원을 평등하게 다루어야만 했던 것입니다. 하지만 현재 정규직으로 일하는 직원에 한해서 말하자면, 임금이 낮아도 먹고 살지 못할 정도는 아닙니다. 따라서 능력이나 실적에 따라 차등을 두고 임금을 지급하는 것 자체는 경제적으로도 합리성이 있다고 생각하고 있습니다.

단, 성과주의 임금을 인정하기 위해서는 다음과 같은 조건이 필요합니다. 근로자의 일을 공정하게 평가하는 제도가 제대로 갖춰져야 할 필요가 있습니다. 그러나 이 공정한 평가제도가 일본 기업에는 아직 정착되지 않았다고 생각합니다. 그 결과 성과주의 임금이 이 제대로 자리 잡지 못한 기업도 많이 있습니다.

성과주의임금이 실패한 예도 나오고 있습니다. 후지쯔가 성과주의 임금을 채택했음에도 불구하고 여러 가지 문제가 발생하여 제도의 수정을 하지 않을 수 없게 된 것은 잘 알려져 있습니다.

## 세금의 누진도가 약해졌다

소득분배시스템의 변화에 관하여 지금까지는 임금에 대해서 분석했습니다. 다음으로 세제에 대하여 검증하고자 합니다. 세금과 사회보험료를 얼마나 지불할지가 재분배 후 소득의 수준을 결정합니다. 과거 20년간 일본에서는 소득세의 누진도가 저하되었습니다. 누진도라는 것은 단적으로 말하자면 소득이 높은 사람으로부터는 높은 세금을 징수하고, 소득이 낮은 사람으로부터는 낮은 세금을 징수하는 것입니다.

그림2-3을 보면 알 수 있듯이 소득세의 최고세율이 1986년은 70%였습니다. 참고로 그 이전에는 80%인 시기도 있었습니다. 그것

이 지금은 37%까지 내려가고 있습니다. 즉 86년과 비교해도 절반 가까이 세율이 저하되어 이것을 통해 소득세의 누진도가 낮아진 것을 발견할 수 있습니다. 단순히 말하면 고소득자를 우대하고, 저소득자에게 불리한 제도를 도입해 왔다고 할 수 있는 것입니다. 소득세와 함께 상속세에서도 마찬가지입니다. 즉, 지금까지는 높은 자산을 상속한 사람으로부터 높은 세금을 징수하는 방식이었으나, 오늘날 이 누진도가 완화되고 있습니다. 이와 같이 소득세와 상속세의 누진도를 완화시킨 것이 재분배 후의 소득 격차확대로 이어졌다고 할 수 있을 것입니다.

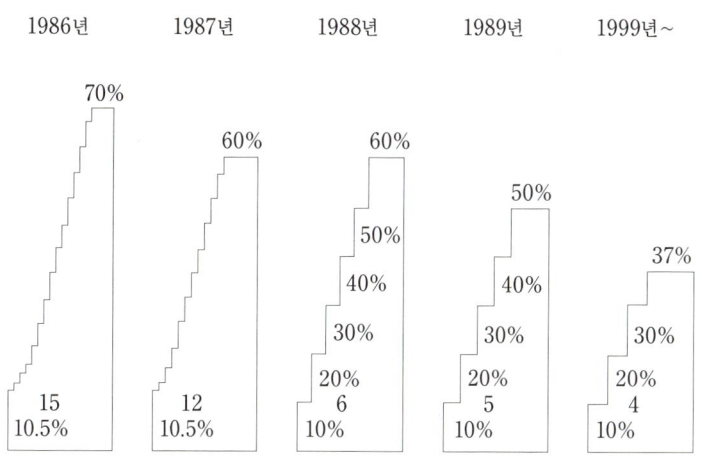

주 : (1) 지방세가 소득세에 추가됨
(2) 1999년 이후에는 20%의 소득세액의 감세가 있었음

그림2-3 소득세율의 변천

소득세와 상속세의 누진도가 완화된 것은 고소득자와 고액자산보유자의 불만을 정부가 받아들인 결과입니다. 높은 세금을 징수해가면 근로 의욕을 잃게 되고 높은 상속세를 매기면 자신의 자녀에게 사업이나 토지·금융자산 등을 이전할 수 없다는 불만을 표출한 것에 대해 정부는 세금의 누진도를 낮추면서 조정해 온 것입니다.

## 사회보험료의 역진성

사회보험료도 소득분배시스템을 구성하는 중요한 요소입니다. 사회보험료는 통상 역진성이라는 성격을 가지고 있습니다. 고소득자와 저소득자를 비교한 경우 사회보험료에 관하여 고소득자 쪽이 상대적으로 부담이 적어집니다. 이것은 정액보험료라는 제도를 생각하면 명확할 것입니다. 예를 들어, 국민연금은 한 명의 지불액은 일률적으로 13,860엔으로 정액입니다. 즉, 소득의 많고 적음에 대해서는 고려되지 않는 것입니다. 이것이 역진성입니다. 이 사회보험료의 역진성도 소득 격차를 확대시키는 요인입니다.

일본에서는 최근 10년 정도 사회보험의 보험료 증가, 즉 국민의 부담을 증가시키고 보장을 줄여나가는 정책을 채택해 왔습니다. 물론 저출산·고령화를 맞이하여 장래의 사회보장제도의 안정을 확보하기 위해서 이 정책에는 어느 정도 피할 수 없는 측면도 있습니다. 그러나 현재의 상황은 피할 수 없는 정도를 넘어서 소득 격차를 확대한다는 의미에서 심각한 문제를 일으킬 소지가 있다고 생각합니다. 이것에 대해서는 제5장 6에서 상세히 논하겠습니다.

## 4. 구조개혁 무엇이 문제인가

### 구조개혁과 대처, 레이건 개혁

본 장의 마지막에 고이즈미 내각이 추진해 온 구조개혁과 격차의 관계에 대해서 생각해 보고자 합니다. 격차확대의 사실을 인정하는 경제학자 중에서도 구조개혁이 격차확대로는 이어지지 않았다고 주장하는 사람도 있습니다. 하지만 과연 그렇게 말할 수 있을까요? 결론부터 말하자면 구조개혁은 격차확대를 조장하고 있다고 생각합니다. 소득격차 자체는 고이즈미 내각에 의한 구조개혁이 등장하기 이전의 80년대부터 계속 확대되고 있습니다. 따라서 구조개혁이 격차확대의 근본적인 요인이라고는 생각하지 않습니다. 하지만 격차가 확대되고 있는 것을 용인하고 규제완화나 경쟁촉진 등의 정책에 의해 그것을 조장하고 있다고 판단됩니다.

구조개혁에 찬성하는 부분도 있습니다. 그것은 경제의 활성화를 촉진하는 효과가 있기 때문입니다. 그러나 격차라는 시점에서 본 경우에는 역시 여러 가지 문제를 안고 있는 것이 아닌가 생각됩니다.

이 문제를 생각함에 있어서 1970년대 후반부터 80년대 초기에 영국의 대처 수상과 미국의 레이건 대통령이 시행한 경제개혁과의 비교가 참고가 됩니다. 왜냐하면 구조개혁은 개념에 있어서 그 두 경제개혁과 공통되는 면이 있기 때문입니다.

대처 수상과 레이건 대통령은 1970년대 후반에서 80년대에 걸쳐서 최악의 상태였던 각각의 나라 경제를 다시 세우는 데 성공했습니다.

그들이 한 일은 첫 번째로 시장원리의 활용입니다. 규제를 완화하여 경쟁을 촉진하고 경제의 효율성을 높이려 했습니다. 두 번째로 감세정책을 대폭 시행했습니다. 많은 세금을 징수하면 기업과 개인이 근로나 투자 의욕을 잃을 수 있고 저축에도 너무 높은 세금을 부과하면 많은 사람이 저축을 회피해 버릴 것이기 때문에 선택한 정책이었습니다. 실제로 그런 현상이 발생하면 결국 자본의 부족이 생겨, 설비투자 등도 어려워지게 되어 버리기 때문입니다. 세 번째로 복지의 재검토입니다. 영국에는 '요람에서 무덤까지' 라는 말이 있듯이 전통적으로는 복지가 충실한 나라였습니다. 하지만 복지가 너무 충실하면 사람이 게을러진다는 생각을 근간으로 하여 복지를 대폭 삭감한 것입니다.

참고로 이 세 가지의 정책을 경제학에서는 '서플라이 사이드 이코노믹스supply-side economics', 또는 '공급측에 선 경제학'이라고도 합니다. 이 세 가지의 정책은 구조개혁의 캐치프레이즈 '관官에서 민民으로', '중앙에서 지방으로' 라는 사상과도 통하고 있다고 생각합니다.

이러한 레이건과 대처의 정책은 경제를 다시 세운다는 면에서 성공을 거두었습니다만, 동시에 두 가지의 현상을 일으키게 되었습니다. 첫 번째로 소득분배의 불평등화가 진행되었습니다. 국민 사이의 소득격차가 확대된 것입니다. 미국을 예를 들면, 1960~69년에는 모든 소득계급에서 소득의 증가가 보였습니다만 1980~89년에는 저소득층에서 소득감소가 나타나고 있습니다(그림2-4). 두 번째로 감세정책의 결과, 막대한 재정적자에 빠졌습니다. 특히 미국정부의 재정적자는 국제수지 적자와 함께 '쌍둥이적자' 라 불리며 상당히 심각한 상황에 빠지게 된 것입니다. 동일한 현상이 현재 일본에서도 나타나고 있다고 보아야 할 것입니다.

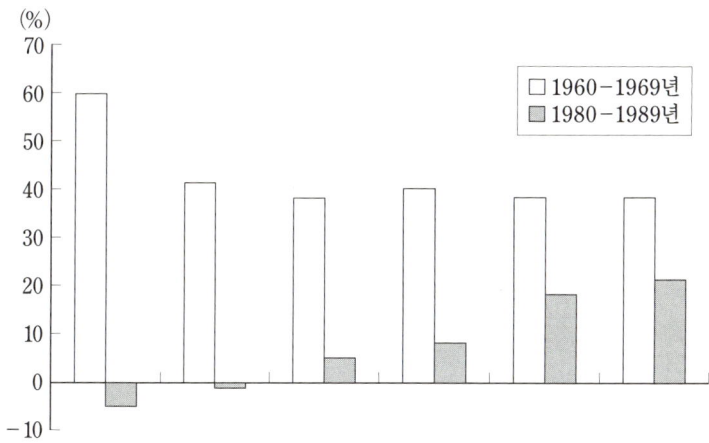

주: 오분위란, 소득이 낮은 사람으로부터 높은 사람을 순서대로 나열하여 20%로 구분한 것을 의미함. 제1오분위는 아래에서 20%에 속하는 사람을 가리키며, 제5오분위는 상위20%의 사람을 가리킴. 이 그림에서는 1960-69년에는 하위20%의 사람이 소득을 늘렸으나, 1980-1989년에는 소득이 감소한 것을 나타내고 있다.

출처: Klassen, S. "Growth and well-being", Review of Income and Wealth, vol. 40, 1994, pp. 251-72

그림2-4 레이건 시대의 소득계급별로 본 소득분배의 불평등화

## 구조개혁은 격차를 조장하고 있다

앞서 말한 바와 같이 일본의 구조개혁에는 긍정적으로 평가해야 할 점도 있습니다. 첫 번째는 불량채권의 처리에 성공한 것입니다. 버블

붕괴 이후, 은행 등 금융기관의 불량채권이 급증했습니다. 많은 금융기관이 도산하고 연쇄도산 발생이라는 사태도 일어났습니다. 그것에 대하여 정부는 불량채권의 처리책을 빠르게 도입하여 어느 정도 성공을 거두었습니다. 이것이 그 후의 경기회복의 기폭제가 된 것입니다.

두 번째로 지방의 공공사업 축소를 시행한 것입니다. 이제까지의 일본 사회에서는 중앙에서 지방으로 예산을 지출하여 다리나 도로, 항만 등의 건설을 공공사업으로 시행해 왔습니다. 이것이 지방경제를 지키는 것에 기여한 것은 부정하지 않습니다. 그러나 공공사업에는 고속도로나 다리 등을 시작으로 낭비도 많아, 지역의 자연환경파괴로 이어지기도 했습니다. 그것을 '중앙에서 지방으로' 라는 구호아래 축소한 것은 잘했다고 평가해야 할 점일 것입니다.

이처럼 구조개혁에는 긍정적인 면이 있으면서도 여러 가지 문제를 포함하고 있습니다. 특히 격차확대에 관해서는 적극적으로 개선하려 하지 않고, 그것을 조장하는 결과를 낳고 있습니다.

제1장에서 본 것과 같이 소득분배의 불평등화가 진행되어 빈곤자 수가 상당히 늘어나고 있습니다. 그러나 일본정부는 이것을 적극적으로 시정하려 하지 않고 있습니다. 소득분배의 불평등화에 관하여 지도층은 '격차의 무엇이 나쁜가' 하고 정색하며 격차확대를 그다지 문제 삼지 않고 있습니다.

심각해지고 있는 재정적자에 대해서 지출을 축소하는 정책을 시행해 문제를 해결하려고 하고는 있지만 바로 지출 축소의 내용이 문제입니다. 왜냐하면 사회보장급여를 대폭 잘라내는 것으로 공공지출을 축소하여 재정적자를 줄여 보려 하고 있기 때문입니다. 일본의 사회보장급여는 원래 세계 선진국 중에서도 최저수준입니다(제5장 7참조). 그럼에도 불구하고 계속해서 줄인다면 격차확대는 물론 심각한 빈곤층을 더욱 늘리게 됩니다.

또한 다음 장에서 논하겠지만 지역 간의 격차도 심각한 상황입니다. 이것에 대해서도 적극적인 시정책을 내놓지 않고 있습니다. 앞에서 말한 바와 같이 불필요한 공공사업의 축소는 긍정적으로 평가할 수 있습니다. 그러나 공공사업에는 지역 고용의 확대, 촉진이라는 측면이 있는 것도 잊어서는 안 됩니다. 따라서 공공사업의 축소는 지방의 일자리를 줄이고 저소득자를 늘리는 것으로도 이어지며, 지역 간의 격차를 일으킵니다. 불필요한 공공사업의 축소와 동시에 공공사업을 대체할 수 있는 지역지원책이 필요합니다. '중앙에서 지방으로' 라는 구호가 어딘가 모르게 중앙의 책임 회피로 느껴지기까지 합니다.

## 시장원리주의와 신자유주의

이러한 격차를 용인하고 조장하고 있는 구조개혁의 아래에는 어떤 사상과 원리가 자리 잡고 있는 것일까요? 구조개혁의 철학은 시장원리주의를 기반으로 하고 있습니다. 이 점에서는 먼저 다룬 레이건, 대처의 경제개혁도 같습니다. 즉, 극단적으로 말하자면 시장에 모든 것을 맡기면 경제는 잘 돌아간다는 논리입니다. 신자유주의라는 표현을 해도 될 것입니다. 영어로는 자유지상주의 libertarianism라고 불리며, 자유가 무엇보다 우선된다는 사상입니다. 철저한 규제완화도 이것과 통하는 개념입니다.

이 시장원리주의와 신자유주의에 대립하는 개념으로써는 공공정책의 역할을 중시하는 개념이 있습니다. 대표적으로는 케인즈John Maynard Keynes[5]경제학입니다. 케인즈는 혼합경제라는 개념을 제창했습니다. 공公=정부와 민民=사私기업이 한몸이 되어 경제를 운영해 간다는 개념입니다.

그러나 최근의 경제학에서 케인즈 경제학은 퇴조退潮하고 있습니다. 오히려 시장원리주의나 신자유주의 사상을 받아들인 신고전파 경제학이 케인즈 경제학을 능가할 기세로 넓어지고 있습니다. 경제학자로 말하자면 프리드먼Milton Friedman[6]이나 하이에크Friedrich August von Hayek[7]등의 개념이 세력을 넓히고 있습니다. 시장원리주의와 신자유

---

5) 케인즈(John Maynard Keynes, 1883~1946) : 영국경제학의 대표자. 제1차 대전 중 재무성에 근무하여 평화회의에 재무성 수석대표 및 재무상대리로서 출석했다. 그는 강화조약, 특히 배상안의 모순을 통찰하여 그 수정완화를 주장하였으나 용납되지 않아 사직하고 「평화에의 경제적 귀결 The Economic Consequences of the Peace」(1919)을 공간하여 세상에 호소했다. 이 책에 쓴 '자유방임의 자본주의(laissez-faire capitalism)는 1914년 8월에 끝났다는 사상이 케인즈 이론의 출발점이다. 경제학자로서의 케인즈의 큰 업적은 역시 「고용 이자 및 화폐의 일반이론」에 있다. 그러나 1929년 가을 월가(街)의 대공황을 계기로 하는 세계적 불황 이래 사정은 일변하여 미국에 있어서도 그의 「번영에의 길」이 루즈벨트(Roosevelt, F.D.) 대통령의 뉴딜정책을 초래하고 「일반이론」은 그 이론적 지침이 되었다. 그는 또 전후의 국제금융과 세계무역의 구조를 만든 브레튼 우즈협정에서 주도적인 역할을 했고 부흥개발은행위원회의 장으로 추대되었다.

6) 프리드먼(Milton Friedman, 1912~2006) : 스티글러(Stigler, G.J.)와 함께 시카고학파의 쌍벽이 되었으며, 1960년 후반에는 케인즈 혁명으로 부정된 임무의 의미를 부흥시켜, 화폐의 중요성을 재인식(money does matter) 시킴으로써 프리드먼 혁명을 이루었다. 프리드먼을 중심으로 한 소위 시카고학파는 통화량, 화폐유통속도, 물가수준에 관하여 오십 년 내지 1세기에 걸치는 장기 자료를 수집 / 정리하여, 이들 변수들이 실물면에서의 경제활동의 움직임과 어떠한 연관관계를 맺고 있는가 하는 문제를 역사적인 통화, 금융제도의 변천과 관련시켜 실제적인 분석을 시도하였다.

7) 하이에크(Friedrich August von Hayek, 1899~1992) : 하이에크의 광범위한 연구업적은 세 가지로 분류할 수 있다. 즉 ① 경기순환론 ② 자본의 순수이론 ③ 자유주의 경제이론이다. 그는 경기순환에 있어서 중립화폐정책을 주장하였고, 자본의 순수이론에 있어서는 실물적 요인의 근본적 중요성을 시종 역설하고 화폐정책의 효용범위는 일반적으로 믿고 있는 것보다 훨씬 협소하다는 것을 주장하였다. 끝

주의에 대립하는 개념으로는 그 외에도 평등지향, 공생 또는 공조共助를 중시하는 개념도 있습니다. 영어로는 리버럴리즘liberalism이라 불리고 있습니다.

20세기의 대표적인 철학자 중 한 사람인 롤즈John Rawls[8]는 사회에서 자유는 기본적으로 소중한 것이나, '가장 불행한 입장에 있는 사람의 후생을 높이는 것을 정책의 기본으로 삼아야 한다.' 라고 제창하고 있습니다. 이것은 '롤즈의 격차 원리' 라고 불리고 있습니다.

리버럴리즘과 자유지상주의라는 대립하는 두 가지의 개념 중 일본이 향후 어느 쪽의 개념을 선택할 것인가는 일본의 장래를 결정함에 있어, 매우 중요한 선택이 될 것입니다.

### 경제 효율중시가 사회전체를 풍성하게 한다는 환상

레이건과 대처의 경제개혁과 같이 구조개혁은 경제 효율을 높이는 것에 주안점을 두고 있습니다. 즉 경제 효율을 높이기 위해서 경쟁원리를 적극적으로 도입하였고, 그 결과로 소득분배의 불평등화가 진행되어도 상관없고 결과의 평등을 중시하지 않는다는 입장을 취하고 있습니다. 또한, 경제 효율이 높아진다는 것은 총수익도 늘어나는 것이

---

으로 자유주의경제론에서 그는 사회주의 사회에는 화폐가 없고 따라서 가치의 척도가 없으므로 경제계산이 불가능하여 사회가 원활하게 운영될 수 없다고 말함으로써 자유주의 경제학자로서의 태도를 명확히 하였다.

8) 존 롤스(John Rawls, 1921~2002) : 미국의 철학자. 하버드대학교 교수를 지냈다. 《정의론》에서 공리주의를 대신할 실질적인 사회정의 원리를 '공정으로서의 정의론'으로 전개했다. 가장 불리한 상황에 있는 사람들의 이익을 최대화하기 위해서는 사회경제적 불평등이 정당화된다는 '격차원리(隔差原理)'를 주장했다.

라고 주장합니다. 즉, 경제 효율이 높아지면 사회 전체도 풍족하게 되고, 그 결과로 하층의 사람에게도 이득이 파급된다고 하는 개념입니다. 그리고 경쟁을 촉진하기 위해서도 결과의 평등이 아니라 기회의 평등을 중시해야 하며 경쟁에 진 패자에게는 세이프티 넷을 조성해 주면 된다고 주장합니다.

여기서 흥미 있는 에피소드를 소개드리겠습니다. 저의 이전 저서 『일본의 경제격차』를 출판했을 때, 여러 논쟁이 일어났다는 것에 대해서는 이미 말씀드렸습니다. 1999년 11월 7일자 요미우리신문에서는 「논진논객論陣論客」이라는 제목으로 저와 한 인터뷰와 각료閣僚로서 구조개혁의 추진역할을 맡았던 다케나카 헤이조 게이오기주쿠대학 교수와 한 인터뷰가 나란히 게재되었습니다. 이때 다케나카 교수의 발언을 그 후 6년이 지난 지금 다시 읽어보면 재미있는 것을 발견하게 됩니다.

다케나카 교수는 당시에 격차가 넓어지고 있는 일본 사회의 상황을 '극단적인 평등사회에서 보통사회로 변하고 있다.'고 평가했습니다. 그리고 '중요한 포인트는 빨리 달릴 수 있는 사람에게는 능력대로 달리게 해줘야 사회 전체의 이익을 높일 수 있다.'고 논했습니다. 또한 '기회의 평등'을 중시해야 한다는 주장을 했고 결과의 불평등에 대해서는 '패자부활의 룰도 필요하다. 바꾸어 말하면 세이프티 넷이다.'라고 지적했습니다. 이 다케나카 교수의 말은 지금 서술한 구조개혁의 발상을 상당히 단적으로 설명하고 있습니다.

저도 근대경제학자의 한 명이므로 경쟁에 의해 경제 효율을 높이는 것은 중요한 것이라고 생각하고 있습니다. 하지만 경제 효율을 높여서 소득을 늘리는 것이 항상 사회 전체의 이익을 높이는 것이라고는 할 수 없습니다. 현재 미국이나 일본에서는 늘어난 분량의 소득이 하층의 사람에게는 그다지 주어지지 않고 상층의 사람들에게만 나누어질 것이라고 예상합니다. 즉 풍족한 사람이 더 부를 얻고, 그렇지 않은 사람에게는 주어지지 않는다는 것입니다. 이것을 잘 설명한 것이 'winner-take-all model', 즉 '승자는 한 명'의 논리라는 개념입니다. 경쟁하고 경제 효율을 높이더라도 승자가 그 성과를 전부 가져가 버린다는 논리입니다.

그러나 승자<sub>고소득자</sub>가 많이 얻어도 그것을 패자<sub>저소득자</sub>에게 세금 등으로 재분배하는 정책에 국민적 합의를 도출해낸다면 'winner-take-all model'도 전혀 부정해야 할 것은 아닐 것입니다. 이것은 경제 효율을 높이는 정책으로써 충분히 받아들일 수 있습니다. 이 경우에는 국민 간에 합의가 성립되어 있는지의 여부, 즉 어느 정도의 세금과 사회보장에 의한 재분배효과를 기대하는가 하는 것에 달려있습니다.

그러나 반대로 현재의 일본에 눈을 돌려보면 본장 3에서 서술한 바와 같이 세금의 누진도는 계속 낮아지고 고소득자, 고액자산보유자가 우대받고 있습니다. 더욱이 사회보장은 부담의 증가와 사회보장급여의 삭감책의 연속입니다. 따라서 경제 효율을 높이는 것으로 인하여 사회전체가 풍족하게 된다는 것은 오늘날의 일본 사회에서는 환상에 가깝다고까지 할 수 있습니다.

또한 세이프티 넷에 대해서 말한다면 일본의 세이프티 넷은 세계적으로도 최저수준입니다. 그것을 더 삭감하려고 하는 것이 현재의 구조개혁입니다. 따라서 구조개혁을 제창하는 사람들이 주장하는 패자부활을 위한 세이프티 넷이라는 것은 전혀 반대의 상황으로 진행되고 있다는 것을 지적해 둘 필요가 있습니다.

# 03

## 격차의 진행 속에서
### —지금 무엇이 일어나고 있는가

벌어지는 격차의 실태

지금까지 일본 사회에서 격차가 벌어지고 있는 것을 데이터를 통해 검증하며 그 원인이 어디에 있는가를 논해 봤습니다. 그렇다면 이제는 격차가 벌어져 구체적으로 어떤 변화가 일본 사회에 일어나고 있는지 본장에서는 격차확대의 구체적인 실태에 대해서 검증하고자 합니다.

## 1. 새로운 빈곤층의 양상

### 연령별로 보는 빈곤층

격차가 확대된다는 것은 부유층과 빈곤층의 격차가 벌어진다고 말할 수 있다고 제1장에서 말씀드렸습니다. 따라서 부유층과 빈곤층 각각 현재 어떤 변화가 일어나고 있는지를 아는 것은 매우 중요합니다. 먼저 빈곤층에게 일어난 변화를 살펴보겠습니다.

제1장에서 일본의 빈곤자 수가 최근 10여 년 만에 상당히 늘어난 것을 지적했습니다. 그러면 현대의 일본 사회에서 누가 빈곤자가 되어 있는가에 대해서 몇 가지의 시점에서 생각해 보려고 합니다.

첫 번째로 연령별로 본 빈곤율을 사용하여 생각해 보겠습니다. 제1장에서 소개한 OECD 조사에는 연령별 비교가 있습니다(표3-1). 여기서 다룬 빈곤율이란, 같은 연대의 사람 중 몇 %가 빈곤한지를 나타낸 지표입니다.

표3-1
일본의 연령별로 본 빈곤율
(%)

| 연령 | 빈곤율 | 비율 |
|---|---|---|
| 18~25세 | 16.6 | 8.9 |
| 26~40세 | 12.4 | 14.9 |
| 41~50세 | 11.7 | 10.3 |
| 51~65세 | 14.4 | 19.4 |
| 66~75세 | 19.5 | 16.4 |
| 6세이상 | 23.8 | 12.7 |

출처:OECD(2004), 전자료와 동일

이 표에 따르면 76세 이상의 빈곤율이 23.8%로 굉장히 높습니다. 다음으로 높은 것은 66~75세로 19.5%입니다. 따라서 일본의 경우에는 고령자의 빈곤율이 높은 것을 알 수 있습니다. 고령자 다음으로 빈곤율이 높은 것은 청년입니다. 18~25세의 빈곤율은 16.6%로, 고령자만큼 높지는 않지만, 꽤 높은 수치임을 발견할 수 있습니다. 참고로 가장 빈곤율이 낮은 것은 중년층입니다. 41~50세의 빈곤율은 11.7%로 연령별로 보는 표에서는 중년의 경우는 심각한 빈곤율은 아니라고 할 수 있습니다. 그러나 1970년대, 80년대의 평균적인 빈곤율이 6~7%였던 것을 생각하면 그 수치 역시 결코 낮다고는 할 수 없습니다.

## 세대유형별로 보는 빈곤층

두 번째로 세대유형에 주목하여 빈곤층을 분석해 보겠습니다.

세대는 핵가족, 3세대 동거, 모자가정, 독거노인 고령 1인 세대 등 여러 가지 유형이 있습니다. '소득재분배조사' 제1장 1참조를 사용하여 세대유형에서 빈곤율을 계산해 보았습니다(표3-2). 여기서 빈곤의 정의는 등가가처분소득 세대구성원 수를 고려한 1인당 소득 수준. 가처분소득이란 세금 등을 제한 실질적 소득의 중앙치의 50% 이상이라는 상대개념에 의한 것입

표3-2 세대유형별, 세대주의 연령계층별, 빈곤율의 추이
[빈곤선=등가가처분소득의 중앙치의 50%]

|  | 1995년 | 2001년 |
|---|---|---|
|  | 빈곤율 | 빈곤율 |
| 전세대 | 15.2% | 17.0% |
| −세대유형− |  |  |
| 핵가족(자녀3인이상세대) | 12.9 | 8.9 |
| 핵가족(자녀2인세대) | 6.7 | 7.3 |
| 핵가족(자녀1인세대) | 10.4 | 8.5 |
| 핵가족(자녀0인세대) | 10.0 | 10.8 |
| 1인 세대(고령자세대 제외) | 20.0 | 26.9 |
| 고령자2인이상세대 | 21.7 | 20.5 |
| 고령자1인 세대 | 47.9 | 43.0 |
| 모자세대 | 55.3 | 53.0 |
| 3세대(世代)세대 | 8.5 | 8.4 |
| 그 외 세대 | 16.9 | 20.1 |
| −세대주의 연령계층− |  |  |
| 29세이하 | 20.7 | 25.9 |
| 30−39세 | 9.3 | 11.3 |
| 40−49세 | 11.3 | 11.9 |
| 50−54세 | 9.5 | 11.5 |
| 55−59세 | 10.0 | 12.6 |
| 60−64세 | 15.5 | 16.0 |
| 65−69세 | 17.0 | 19.4 |
| 70세이상 | 31.6 | 25.3 |

출처: '소득재분배조사' 1996, 2002년에서 계산

1995년
빈곤선(Poverty line) = 142.0

2001년
빈곤선(Poverty line) = 131.1

주:
(1) 고령자세대는 남65세이상, 여60세이상인 자만으로 구성하거나, 여기에 18세미만인자가 더해진 세대를 가리킴

(2) 3세대세대는 세대주를 중심으로 한 직계 3세대 이상의 세대를 가리킴. 핵가족세대, 1인 세대는 고령자세대가 제외되어있다.

(3) 이 표의 수치는 타치바나키 토시아키와 우라카와쿠니오의 공저 '일본의 빈곤연구' (토쿄대학출판회, 2006)에서 추출함.

니다. 이것에 따르면 전체 세대의 빈곤율은 1995년이 15.2%, 2001년이 17.0%로 6년 사이에 전체 세대에서 2% 포인트 가깝게 빈곤율이 상승한 것을 알 수 있습니다.

그러면 세대유형별로 본 경우에는 가장 빈곤율이 높은 것은 어느 세대일까요. 그것은 모자세대입니다. 모자세대의 빈곤율은 95년에는 55.3%, 2001년에는 53.0%가 되었습니다. 놀랍게도 모자가정의 절반 정도가 빈곤에 괴로워하고 있다는 것입니다. 모자가정이 되면 살림살이가 상당히 힘들어지는 것을 이 수치를 통해 알 수 있습니다. 현재 일본에서는 이혼이 증가하고 있어, 모자가정이 되는 경우도 증가하고 있는데 어머니가 일하면서 혼자 아이를 키운다는 것이 일본 사회에서는 쉬운 일이 아니라는 결론을 얻게 하는 통계입니다.

모자가정의 다음으로 빈곤율이 높은 것이 독거노인입니다. OECD 조사에서도 연령별로 본 경우에 고령자의 빈곤율이 높다는 결과가 나왔습니다. 이 세대유형별 데이터는 고령자 중에서도 1인 세대, 즉 독거노인의 빈곤율이 높은 것을 나타내고 있습니다. 독거노인의 빈곤율은 1995년에 47.9%, 2001년에 43.0%가 되어, 역시 절반 가까운 사람이 빈곤한 상황에 처해 있는 것을 알 수 있습니다.

그러면, 한편으로 고령자 두 명이상의 세대, 즉 노부부가 생활하고 있는 등의 경우는 어떨지 궁금해집니다. 고령자 두 명 이상 세대의 빈곤율은 95년에 21.7%, 2001년에 20.5%로, 독거노인의에 비해 절반 이하의 수치입니다. 따라서 고령자일 경우 부부 모두가 건강하면 빈곤하게 될 확률이 그다지 높지 않다는 것을 알 수 있습니다. 반대로 말하면, 자녀 세대와 떨어져 생활하고 있는 노부부가 남편 또는 부인이 먼저 가고 혼자가 된 경우에 빈곤에 빠질 위험성이 높다고 할 수 있을 것입니다.

고령자가 포함된 또 하나의 세대가 있습니다. 바로 3세대 가정입니다. 즉 노부부, 성인이 된 자녀 및 손자가 살고 있는 경우입니다. 3세대 가정의 빈곤율은 95년이 8.5%, 2001년이 8.4%로 낮은 수치를 나타내고 있습니다.

오늘날 일본 사회에서는 노부부와 자식세대의 동거율은 줄었기 때문에 이 3세대 가정은 그다지 큰 비율을 차지하지 못하고 있습니다. 오히려 노부부 두 명이서 살고 있는 경우와 혼자 살고 있는 고령자의 수가 늘고 있습니다.

고령자의 빈곤율을 보면 어떤 세대유형 아래에서 생활하고 있는지가 중요합니다. 특히, 독거노인의 빈곤이라는 것은 상당히 심각한 문제라고 생각합니다.

추가로 핵가족인 사람들에 대해서도 생각해 보려고 합니다. 이 표의 핵가족에서는 고령자세대를 빼고 있으므로 주로 중년 핵가족이 중심입니다. 자녀가 없는 핵가족에서는 1995년에 10.0%, 2001년에 10.8%였습니다. 국가 전체의 빈곤율보다도 5~7% 포인트 정도 낮은 수치입니다. 마찬가지로 자녀가 있는 경우에도 핵가족인 사람들의 빈곤율은 그다지 높지 않다고 할 수 있습니다. 오늘날의 일본 사회에서는 남편과 부인 모두가 일하고 있는 경우도 적지 않습니다. 그런 경우 예를 들어, 어느 한 쪽이 실업자가 되어도 다른 한 쪽의 소득이 있으므로 빈곤까지는 되지 않을 가능성이 큽니다. 또는 부인이 일하고 있지 않더라도 남편의 소득이 상당히 높을 경우도 있을 것입니다. 그래서 핵가족의 빈곤율이 상대적으로 낮아져 있는 것이라고 생각할 수 있습니다.

## 청년 빈곤율은 심각하다

앞서 OECD 조사로부터 연령별 빈곤율을 분석했습니다. 저희의 분석에 의한 세대유형별 조사(표3-2)에서는 세대주의 연령계층별 빈곤율도 분석되어 있습니다. 이것에 의하면 29세 이하인 청년의 빈곤율이 95년에 20.7%, 2001년에 25.9%로 되어 있습니다. 가장 높은 70세 이상의 31.6%(95년), 25.3%(2001년) 바로 다음에 이어지는 높은 빈곤율을 보이고 있습니다. 청년의 빈곤이 상당히 심각하다는 것을 이 표에서 알 수 있습니다. 95년부터 2001년에 이르는 변화를 보면 5.2% 포인트나 증가했는데 이것으로 청년의 빈곤율이 최근 몇 년 동안 상당히 높아졌다는 것을 알 수 있습니다.

## 모자가정이 빈곤하게 되는 이유

이상과 같이 일본의 빈곤을 세대유형별, 세대주의 연령계층별로 보면 빈곤율이 높은 세대는 모자가정, 독거노인, 청년층인 것을 알았습니다. 그러면 그들 계층의 빈곤율이 왜 높은지를 구체적으로 설명하고자 합니다.

모자가정의 빈곤율이 높은 것은 다음과 같은 요인 때문이라고 생각됩니다. 먼저 모친이 직업을 희망하더라도 좀처럼 직장을 찾기 어렵다는 것입니다. 육아도 혼자서 해야만 하므로 풀타임으로 일할 수 없는 경우도 적지 않습니다. 또한 모자가정이 되기 전, 그 모친이 노동에 종사하지 않았던 전업주부였을 경우, 미숙련근로자로 여겨지게 됩니다.

따라서 구직활동을 해도 웬만해서는 취직할 수가 없습니다. 예를 들어 취직자리가 있다고 하더라도 저임금노동직밖에 없는 경우가 많습니다.

앞서 이야기한 것처럼 일본의 이혼율이 높아지고 있습니다. 그 결과 모자가정의 수가 증가하고 있습니다. 따라서 모자가정이 빈곤해질 확률이 높다는 것은 현재와 같이 이혼율이 점점 더 높아져 간다면 모자가정의 빈곤자 수는 더더욱 늘어날 위험성이 있다는 것입니다.

### 독거노인이 빈곤하게 되는 이유

다음으로 고령자의 빈곤에 대해서 생각해 보겠습니다. 앞서 이야기한 것처럼 독거노인은 노부부 두 명 중, 남편 또는 부인이 먼저 떠나고 혼자 생활하고 있는 경우 등입니다. 통상 여성 쪽이 수명이 긴데다, 부부는 부인 쪽의 연령이 남편의 연령보다도 조금 적은 경우가 많아서 여성의 독거노인 비율이 높다고 생각됩니다.

그러면 왜 이런 사람들이 빈곤하게 되어 버리는 것일까요. 여성 독거노인의 다수는 위족遺族연금으로 소득을 얻고 있을 가능성이 높습니다. 위족연금이란 세상을 떠난 남편이 가지고 있던 연금의 권리를 부인이 인계하여 연금을 받는 제도를 일컫습니다. 위족연금의 경우, 남편이 수령하던 전액은 지급되지 않고, 일부만 받을 수 있도록 되어 있기 때문에 당연히 소득이 낮아질 것입니다. 거기에다 혹시 남편의 연금액이 원래 적었다면 위족연금의 지급액도 상당히 낮아져, 빈곤에 빠질 위험성이 생깁니다.

또한 70세 이상의 고령자인 경우는 무연금인 사람이 많다는 것도 빈곤의 이유 중의 하나라고 말할 수 있습니다. 이유는 현재의 고령자가 젊었을 때, 또는 중년이었을 때에는 전국민연금제도라는 것이 보급되지 않았습니다. 특히 자영업자였던 사람들은 회사원 등과는 달리, 자신의 의사로 연금에 드는 제도였기 때문에, 그 사람들 중에는 연금에 가입하지 않았든지 가입했더라도 가입기간이 짧든지 하기 때문에 무연금자가 많을 수밖에 없습니다.

이상과 같은 요인 원인 이외에도 가족의 변화라는 것도 생각할 수 있습니다. 옛날에는 고령자를 성인이 된 자녀가 직접 모시며 생활했습

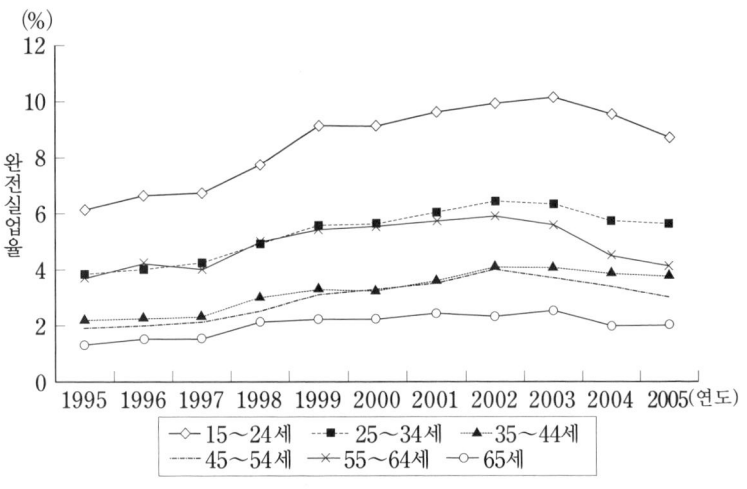

출처 : 후생노동성 '노동력조사'
그림 3-1 연령별 완전 실업률의 추이

니다. 또한 동거하지 않더라도 자녀가 고령의 부모에게 송금하는 것과 같은 관례도 있었습니다. 그러나 핵가족이 늘고, 부모에게 송금하는 자녀도 적어졌습니다. 즉, 가족 간의 경제지원이 약해진 것입니다.

### 청년층이 빈곤하게 되는 요인

청년층의 빈곤율이 높아지고 있는 최대의 이유는 일본의 불경기라고 생각합니다. 장기불황의 영향을 받아 청년실업률이 높아졌습니다. 현재도 9% 전후의 높은 실업률이 계속되고 있습니다(그림3-1). 청년의 실업률이 높다는 것은 소득이 없는 청년이 많이 존재하고 있기 때문일 것입니다. 통상 실업자는 실업한 시기에 고용보험금을 받습니

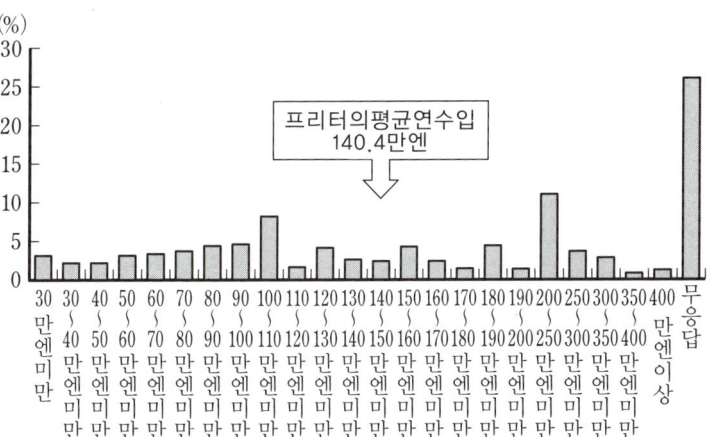

주 : 조사대상모집단은 50km권 내에서 촉탁, 계약사원, 파견, 파트, 아르바이트로 취업한 18~34세 남녀(학생 제외)
출처 : 리크루트 워크스 연구소 '비전형노동자조사2001'

그림 3-2 '프리터'의 연평균 수입

다. 하지만 청년은 근속년수가 짧기 때문에 실업한 시점에 받는 고용보험금 액수가 상당히 적습니다. 또는 고등학교나 대학을 졸업하고 취직하지 못한 경우와 같은 실업자는 고용보험에조차 들지 못했습니다. 따라서 받을 수 있는 고용보험금은 하나도 없는 것입니다.

이와 같이 직업이 없는데다 고용보험 지급액이 낮거나 전혀 지급받지 못하는 청년들이 존재한다고 생각할 수 있습니다.

또한 청년 중에는 프리터로 대표되는 것과 같이 비정규직으로 일하고 있는 사람의 수가 적지 않다는 통계가 있습니다. 프리터의 평균 연간 수입은 어느 정도일까요? 그림3-2에 의하면 연간 수입 100~110만 엔 미만의 청년과 연간 수입이 200~250만 엔 미만의 청년이 가장 많습니다.

프리터 중에서도 저소득 청년과 어느 정도의 소득을 얻고 있는 청년으로 양극화되고 있다고 말할 수 있을지도 모르겠습니다. 프리터 전체의 평균 연간 수입은 약 140만 엔입니다.

140만 엔을 12개월로 나누면, 약 12만 엔 미만입니다. 12만 엔 정도의 소득으로 독립하여 혼자서 생활해 갈 수 있을까요. 꽤나 무리지 않을까 하고 판단합니다. 따라서 청년들 사이에 프리터가 늘고 있다는 것은, 혼자서 생활해 나가는 것조차 어려운 청년 빈곤층이 는다는 것을 의미하고 있는 것입니다. 하물며 먹여 살려야 할 부양가족이 있을 경우에는 더욱 심각한 사태에 빠질 것은 쉽게 예상할 수 있습니다. 또는 이 소득으로 결혼은 곤란하다고 말할 수 있습니다. 프리터에 대해서는 추가로 제4장 3에서 상세히 다루겠습니다.

## 2. 저소득근로자가 의미하는 것

### 너무 낮은 일본의 최저임금

제2장 2에서 일본의 고용은 저소득 비정규근로자가 늘고 있는 것을 설명했습니다. 또한 앞 절에서는 청년층에서 프리터라고 하는 역시 저소득층 문제를 소개했습니다. 이 저소득근로자의 문제를 생각해 보는 것은 오늘 날의 빈곤, 더 나아가 격차문제를 생각함에 있어서 중요합니다. 여기서는 먼저, 최저임금제도라는 측면으로부터 이 저소득근로자에 대해서 생각해 보고자 합니다. 2004년에 간행한 저의 책『가계로부터 보는 일본경제』岩波新書에서도 최저임금에 대해서 서술했습니다다만, 오늘날의 격차를 생각해 봄에 있어, 중요한 점이므로 본서에서도 다루려고 합니다.

표 3-3 최저임금액에 관한 국제비교 (1997년의 폰드(Pond)표시)

| | 구매력평가를 기초로 하여 평가된 시간 당 최저임금액 | 풀타이머의 중간수준의 임금에 대한 최저임금 비율(%) | 최저임금이하의 임금밖에 받지 못하는 사람의 노동자비율(%) |
|---|---|---|---|
| 벨기에 | 4.56 | 50 | 4 |
| 캐나다 | 3.80 | 40 | 5 |
| 프랑스 | 3.97 | 57 | 12 |
| 일본 | 2.41 | 31 | 10 |
| 네덜란드 | 4.27 | 49 | 4 |
| 뉴질랜드 | 3.18 | 46 | 1 |
| 포르투갈 | 1.65 | – | 5 |
| 스페인 | 2.10 | 32 | 2 |
| 미국 | 3.67 | 38 | 5 |

출처: Metcalf, "The Low Pay Commission and The Nataional Minimum Wage." The Economic Journal, vol. 109, 1999, pp. F46-F66

최저임금이란 법률에 의해 그 이하의 임금을 지불해서는 안 된다고 정한 것입니다. 대부분의 선진국에서 최저임금법이 존재하고 있습니다. 임금이 너무 낮으면 생활이 곤궁해질 수밖에 없기에, 어느 일정액 이상의 임금을 지불하여 근로자의 최저생활을 보장할 필요가 있는 것입니다.

하지만 일본에서는 이 최저임금에 큰 문제가 나타났습니다. 표3-3은 OECD 몇몇 국가의 최저임금 실태를 비교한 것입니다. 이것을 보면 일본의 최저임금은 9개국 중에서 아래에서 세 번째입니다. 평균임금에 대한 최저임금의 비율에 관하여는 최하위이며, 또한 최저임금 이하에 있는 근로자의 비율에 관해서는 아래에서 두 번째입니다. 세 가지의 기준으로 다른 선진국들과 비교하여 일본의 최저임금제도는 아직 많이 뒤처져 있음이 명백합니다.

일본은 최저임금액이 최고인 벨기에의 약 절반입니다. 평균임금과의 상대비교에

표3-4 최저임금액과 생활보호지급액의 비교
(2002년도 월단위 엔(円)금액표시)

|  | 최저임금 | 생활보호 | 차 |
|---|---|---|---|
| 도쿄 23구 | 123,520 | 163,970 | -40,450 |
| 고베 | 117,760 | 163,970 | -46,210 |
| 센다이 | 107,644 | 156,590 | -48,946 |
| 나하 | 105,376 | 149,200 | -43,824 |

주:
(1) 최저임금은 평균월간총노동시간을 근로 한 것으로 가정. 생활보호는 표준세대(33세남, 29세여, 4세자녀)를 기준으로 함

(2) 최저임금은 개인에 관한 것, 생활보호지급은 가계에 관한 것이므로 비교가 불가능하다는 생각도 있을 수 있다. 그러나, 최저임금 가까이에 있는 노동자라도 가족이 있는 경우가 많으므로, 비교가능성이 전혀 없다고는 할 수 없다. 원래부터 부부가 함께 일하면 소득은 증가하므로 생활비의 상승은 가능함. 최저임금제도와 생활보호제도의 비교는 이렇게 여러 가지 경우가 있어, 비교에는 주의가 필요한 것은 확실하다. 그러나 본문에서도 서술한 바와 같이 최저임금이 너무 낮다는 사실은 거의 확실하다.

출처: 후생노동성의 통계에서 저자가 계산

서는 최고 수준인 프랑스의 54%, 역시 절반 수준입니다. 최저임금보다 못 받는 근로자 비율은 10%나 됩니다. 최저임금의 설정 자체도 상당히 낮게 되어 있습니다. 너무 낮다고 표현하는 것이 옳을 것입니다. 더욱이 너무 낮음에도 불구하고 최저임금도 못 받는 사람이 약 10%나 존재하는 것입니다. 이것은 국민의 최저의 생활을 보장해야 할 최저임금법이 제대로 운영되지 못하고 있다는 것, 즉 최저의 수준이 보장되지 않는 생활을 강요받고 있는 사람이 존재하는 것을 나타내고 있습니다.

또 다른 일본의 최저임금에 대해서 문제를 나타내는 데이터가 있습니다. 표3-4는 생활보호제도의 지급액과 최저임금법으로 계산된 월 수입을 비교한 것입니다. 이것에 따르면 최저임금액 쪽이 생활보호제도에 의한 지급액보다도 낮게 되어 있습니다.

생활보호제도에 의한 지급액은 사람이 최저한도로 살아갈 수 있을 만큼의 생활보장을 염두에 두고 있습니다. 따라서 그것보다도 낮다는 것은 최저임금이 살아갈 수 있을 만큼의 생활비조차도 지급하고 있지 않다고 해석할 수 있습니다. 그것도 생활보호를 받고 있는 사람은 일을 하고 있지 않는 사람이 압도적으로 많습니다. 그러나 최저임금을 받는 사람은 분명히 일을 하고 있는 것입니다. 일을 하고 있음에도 불구하고 일을 하고 있지 않은 사람보다도 적은 수입밖에 얻을 수 없다는 것은 이해하기 힘든 것입니다. 서둘러 개선책을 찾아야 합니다.

## 저소득 근로자는 누구인가

그러면 최저임금 수준의 임금, 또는 최저임금 이하의 임금밖에 받지 못하는 저소득근로자란, 어떠한 사람들일까요. 정규직보다는 비정규직이라고 생각할 수 있을 것입니다. 제2장 2에서도 서술한 것처럼 정규직과 비정규직의 소득에는 격차가 있으며, 비정규직은 낮은 임금으로 설정되어 있기 때문입니다.

특히 여성과 청년이 심각한 상황에 있다고 저는 판단합니다. 그것을

표 3-5 각 산업에서 최저임금이하의 일반노동자, 파트타임노동자의 비율 (2001년)

|  | 최저임금(円) | 근로자수(명) | 최저임금 이하수(명) | 최저임금 이하비율(%) |
|---|---|---|---|---|
| 일반노동자 (10인이상) | | | | |
| 산업계(計) | 664 | 20,884,200 | 265,356 | 1.271 |
| 제조업(758) | 758 | 6,550,370 | 244,032 | 3.725 |
| 제조업(664) | 664 | 6,550,370 | 94,357 | 1.440 |
| 판매, 소매업 음식업 | 664 | 3,583,060 | 28,563 | 0.797 |
| 서비스업 | 664 | 5,777,000 | 58,294 | 1.009 |
| 파트타임노동자 (10인이상) | | | | |
| 산업계(計) | 664 | 4,333,560 | 267,867 | 6.181 |
| 제조업(758) | 758 | 804,510 | 266,594 | 33.137 |
| 제조업(664) | 664 | 804,510 | 89,127 | 11.078 |
| 판매, 소매업 음식업 | 664 | 2,153,120 | 144,786 | 6.724 |
| 서비스업 | 664 | 1,116,650 | 46,424 | 4.157 |

출처 : 후생노동성 '임금구조기본조사'를 기초로 저자가 계산

증명하기 위해서 먼저 비정규직 중, 여성의 비율이 높은 시간제 근로자에 대해서 검증하겠습니다.

표3-5는 2001년 산업별 최저임금 이하의 근로자의 수와 그 비율을 일반 근로자와 시간제 근로자별로 나타낸 것입니다. 일반 근로자를 보면 최저임금 이하의 근로자는 산업 전체의 1.271%로 상당히 낮은 수치입니다.

**표3-6 청년의 임금분포(10인 2001년) (괄호안은 %)**

| | | | 연령별 | | | | | |
|---|---|---|---|---|---|---|---|---|
| | | | ~17세 | | 18~19세 | | 20~24세 | |
| 규모계(남녀) | | | 617 | | 23,128 | | 196,922 | |
| 임금수준 | ~99.9 | | 44 | (7.1) | 107 | (0.5) | 591 | (0.3) |
| (천엔) | ~199.9 | | 137 | (22.5) | 611 | (2.6) | 2,482 | (1.2) |
| 규모계(중졸남자) | | | 504 | | 957 | | 3,437 | |
| 임금수준 | ~99.9 | | 35 | (6.9) | 24 | (2.5) | 11 | (0.3) |
| (천엔) | ~199.9 | | 104 | (20.5) | 49 | (5.1) | 64 | (1.9) |
| 규모계(중졸여자) | | | 113 | | 265 | | 698 | |
| 임금수준 | ~99.9 | | 8 | (7.1) | 5 | (1.9) | 21 | (3.0) |
| (천엔) | ~199.9 | | 32 | (28.3) | 58 | (21.9) | 110 | (15.8) |
| 규모계(고졸남자) | | | – | | 12,299 | | 53,325 | |
| 임금수준 | ~99.9 | | – | | 18 | (0.1) | 154 | (0.3) |
| (천엔) | ~199.9 | | – | | 269 | (2.2) | 560 | (1.1) |
| 규모계(고졸여자) | | | – | | 9,607 | | 35,835 | |
| 임금수준 | ~99.9 | | – | | 60 | (0.6) | 259 | (0.7) |
| (천엔) | ~199.9 | | – | | 235 | (2.4) | 1,210 | (3.3) |
| 규모10~99명(남녀) | | | 489 | | 8,835 | | 66,476 | |
| 임금수준 | ~99.9 | | 32 | (6.6) | 62 | (0.7) | 341 | (0.5) |
| (천엔) | ~199.9 | | 96 | (19.6) | 320 | (3.5) | 1,280 | (1.9) |

출처:후생노동성 '임금구조기본조사'를 기초로 저자가 계산

그러나 시간제 근로자는 산업 전체에서 6.181%로 일반 근로자의 약 다섯 배에 달하는 수치입니다. 최저임금도 받지 못하는 시간제 근로자의 수가 상당히 많다는 것을 이해할 수 있습니다. 특히 제조업에서는 최저임금을 664엔으로 한 경우에는 11.1%, 758엔으로 한 경우에는 33.1%이라는 상당히 높은 수준입니다. 앞서 이야기한 바와 같이 시간제 근로자의 대다수는 여성입니다. 따라서 여성 시간제 근로자의 10%를 넘는 비율이 최저임금 이하라고 결론 내릴 수 있습니다.

다음으로 청년에 대해서 검증해 보겠습니다. 표3-6은 청년(~17세, 18~19세, 20~24세)의 임금분포를 나타낸 것입니다. 임금은 다음 두 가지의 범위를 고려하고 있습니다. 즉, 월 99,900엔까지의 임금을 받고 있는 사람과 119,900엔까지 받고 있는 사람입니다.

전자는 확실히 최저임금 이하의 사람이라고 볼 수 있으나, 후자는 전자를 포함하여 119,900엔까지의 임금을 받는 사람의 합계이므로 최저임금 이하의 사람과 최저임금 이상의 사람이 혼재해 있다고 볼 수 있습니다. 이 표에서 알 수 있는 것은 다음과 같습니다. 첫 번째로 상당히 젊은 근로자들 중에 최저임금 이하의 임금을 받는 사람이 많다는 것입니다.

17세까지의 사람에 관하여는 규모합계로는 확실히 7.1%의 사람이 최저임금 이하이며, 최대로 보면, 22.5%에 달합니다. 18~19세에 관하여는 0.5~2.6% 사이이며, 20~24세에 관하여는 0.3~1.2% 사이입니다. 두 번째로 학력별, 남녀별로 보면 중졸의 여자에서는 18~24세라도 최저임금 이하의 비율이 꽤 높은 것이 눈에 띕니다.

이렇게 보면 상당수의 청년(24세 이하)이 최저임금 이하의 임금을 받고 있다고 이해할 수 있습니다.

## 왜 저소득 근로자가 여성과 청년에 많은가

그러면 왜 최저임금 이하의 임금, 또는 최저임금 정도의 임금밖에 받지 않는 근로자에 여성과 청년이 많은 것일까요. 이것에 대한 답으로써 일반적인 개념으로는 다음과 같은 요인을 생각할 수 있습니다. 첫 번째로 여성의 평균임금이 남성의 평균임금보다 상당히 낮다는 현상을 지적할 수 있습니다. 두 번째로 여러 번 말씀드렸는데, 여성과 청년에 많은 시간제 근로자의 평균임금은 전일 근로자의 평균임금보다 상당히 낮으며 그 격차는 현재도 확대되는 경향이 있다는 것입니다. 세 번째로 앞서 말한 바와 같이 일본에서는 과거, 연공서열임금이 일반적이었던 것도 있어, 청년의 임금이 낮게 책정되는 경향이 있었다는 것도 지적할 수 있을 것입니다.

더욱 중요한 점은 여성과 청년 등의 낮은 임금을 높이려는 정책을 수립해오지 않았던 점입니다. 거기에는 여성과 청년의 임금이 낮아도 생활하지 못하는 경우는 없기에 그렇게 심각하지 않다는 사회적인 인식도 일조했다고 생각합니다. 구체적으로 설명하자면 과거에는 여성 시간제 근로자의 대부분은 기혼자라고 여겼습니다. 따라서 가정 수입의 주된 부분은 남편의 소득에 의지하고 있으며 그 부분만 안정되어 있으면 시간제 근로자의 임금은 낮아도 괜찮다는 개념이 성립됩니다.

또한 청년의 경우도 부모의 경제지원을 기대할 수 있기 때문에 생활고에 허덕일 일은 없을 것으로 여겼습니다.

그러자 이제는 여성과 청년에 관한 이러한 생각은 더 이상 설득력을 가질 수 없습니다. 앞에서도 설명한 바와 같이 현재 일본의 이혼율, 또는 독신가구 비율이 상승하고 있기 때문입니다. 더욱이 모자가정이 되었을 경우에는 빈곤에 빠질 가능성이 훨씬 높습니다. 때문에 최저임금 이하, 또는 최저임금 정도로만 임금이 책정된다면 여성 시간제 근로자들은 생활하기가 곤란합니다. 또한, 자녀가 있다면 그 생활은 더욱 곤란해질 것입니다.

청년들도 언제까지나 부모의 지원에 의지해서는 자립을 배울 기회를 빼앗기게 됩니다. 자립하여 생활할 수 있을 만큼의 최저한의 임금은 필요합니다.

### 실업자보다는 비정규직이 낫다고?

저소득근로자에 대한 논점 한 가지를 더 소개해 보겠습니다. 저소득의 비정규직이 증가하고 있는 것에 대하여 다음과 같은 주장이 있습니다. 장기불황 속에서 많은 근로자를 고용하는 것이 어려워진 기업은 정규직을 줄이고 비정규직을 늘려왔습니다.

제2장 2에서 말씀드린 것처럼 실제로 기업에서는 비정규직의 수를 늘리고 있습니다. 그렇다면 구조조정을 당해 본래 실업자였던 사람들에게는 비정규직으로서 일할 수 있는 기회가 오히려 넓어진 것이 아닌가 생각해 볼 수 있습니다. 실업자가 되는 것보다는 낫지 않은가라

는 주장이지요.

하지만 그렇지 않습니다. 최저임금에서도 서술했지만, 헌법을 언급할 것까지도 없이, 모든 국민은 건강하고 문화적인 최저한의 생활을 할 수 있는 권리가 있습니다. 본인이 일하고자 하는 의사를 가지고 일할 곳이 있는 한, 그것을 통하여 생활이 가능할 만큼의 소득을 얻는 것은 인간으로서 당연한 것입니다. 따라서 실업자보다는 낫기 때문에 저소득의 비정규직으로서 참아야 한다는 주장은 타당하지 않다고 생각합니다. 특히 선진국이라면 그런 생각은 버려야 마땅할 것입니다.

## 3. 부유층의 변화

### 현대의 부유층은 누구인가

지금까지는 빈곤층의 상황, 즉 격차사회에서의 하위계층에 대해서 논했습니다. 이 절에서는 상위계층, 즉 부유층의 상황에 대해서 고찰해 보겠습니다. 부유층이란 구체적으로는 고소득자, 또는 고자산보유자 등입니다. 저는 2005년에 모리다케시森剛志 씨와 공저로 『일본의 부자연구』일본경제신문사를 출판하여 오늘날의 일본 사회의 부유층의 상황을 자세히 조사했습니다. 본 절에서도 이 조사결과를 이용하면서 논하고자 합니다.

먼저, 본 절에서 서술하는 부유층을 정의해 둘 필요가 있습니다. 현재는 발표되지 않고 있지만 '고액납세자명부'를 국세청이 지금까지 발표해 왔습니다. 그 데이터에서 연3,000만 엔 이상의 소득세를 내고 있는 사람이 고액납세자로 되어 있습니다. 납세액을 알면 세법을 활용하여 역산하면 그 사람의 연소득액을 대략 얼마인지 추측할 수 있습니다. 연간 3,000만 엔 이상의 납세액을 역산하면 대략 연소득액은 1억 엔입니다. 따라서 대략 1억 엔 정도 또는 그 이상의 고소득을 얻고 있는 사람을 본 절에서는 부유층이라 정의합니다.

표3-7을 보면 알 수 있듯이 오늘날 일본 사회의 고액납세자, 즉 부유층에는 두 종류의 직종이 해당됩니다. 한 가지는 기업 경영자입니다. 즉 사장이나 회장 등입니다. 참고로 기업의 경영자에는 사장이나 회장이 아닌 부사장 이하의 소위 임원, 중역이라고 하는 사람들이 존재합니다. 이 경영자의 두 종류에 대해서 비율을 보자면, 고액납세자의 31.7%가 사장이나 회장 등이며, 11.6%가 부사장 이하의 임원으로 이루어져 있습니다. 합계 43.3%가 경영자입니다.

표3-7 고액납세자에 관한 직업별분포(2001년) (%)

| | 기업가 | 경영간부 | 의사 | 변호사 | 예능인 | 스포츠선수 | 그 외 | 전체 |
|---|---|---|---|---|---|---|---|---|
| 도쿄이외 | 33.3 | 13.9 | 23.4 | 0.3 | 0.3 | 1.1 | 27.7 | 100 |
| 도쿄 | 28.9 | 7.6 | 1.4 | 0.6 | 3.1 | 0.5 | 57.9 | 100 |
| 전체 | 31.7 | 11.6 | 15.4 | 0.4 | 1.3 | 0.9 | 38.7 | 100 |

출처:국세청 '전국고액납세자명부'로 작성

다른 한 가지 직종은 의사입니다. 의사가 고액납세자의 15.4%를 점하고 있습니다. 이들 수치를 합치면 일본 사회의 고액납세자의 60% 전후가 경영자와 의사로 구성되어 있습니다. 즉 경영자 및 의사는 부유층의 2대 직종이라 볼 수 있는 것입니다.

참고로 경영자와 의사 이외에서 고액을 얻고 있는 직종으로는 연예인, 프로스포츠 선수를 합쳐 2.2%, 변호사가 0.4%, 기타 직종이 38.7%를 점하고 있습니다. 이 '기타'에는 은퇴한 사람들도 포함되어 있습니다. 은퇴해서도 주식 등의 자산소득이 많은 사람 등을 생각해 볼 수 있습니다. 또는 토지보유자도 '기타'에 포함됩니다. 지대地代나 임대료수입에 의해 고소득자가 될 가능성이 있습니다.

### '돈 버는' 산업의 변천

오늘날 격차가 확대되는 중에 부유층에서 여러 가지 변화가 일어나고 있다고 생각합니다. 그리고 그것이 한편으로는 격차를 더욱 조장하고 있는 것은 아닌가 생각하고 있습니다. 따라서 여기서는 부유층이 어떻게 변화해 왔는지를 자세히 검증하고자 합니다. 지금 지적한 두 가지의 부유층 중, 경영자 그룹에서는 어떤 변화가 일어나고 있는지를 검증하겠습니다.

첫 번째 큰 변화로 지적할 수 있는 것이 부유층인 경영자가 종사하는 산업의 종류 변화입니다. 어떤 산업의 경영자가 부유층이 되어 있는지 그 역사를 더듬어 보면, 전후로부터 오늘 날까지의 변화를 알 수 있습니다.

1960년대의 고도성장기는 제조업, 건설업, 상업, 금융과 같은 산업의 대기업 경영자가 고액납세자에 이름을 올리고 있었습니다. 말하자면 고도성장을 담당했던 기간산업의 경영자들이 부유층이었습니다.

고도성장기가 끝나고 1980년대가 되면서 토목·건축, 백화점, 슈퍼마켓, 부동산임대, 은행, 철도, 상사와 같은 대기업의 경영자가 부유층의 다수를 점하게 됩니다. 고도성장기의 기간산업을 뒤이은 산업이 있는가 하면, 새로운 산업도 등장하고 있습니다. 예를 들면 백화점, 슈퍼마켓, 부동산임대 등 서비스산업의 경영자가 부유층으로 나타나게 된 것입니다.

2000년대가 되면 IT나 프로그램개발과 같은 정보통신, 화장품제조, 음식점체인경영, 파친코점포경영, 컨설팅, 소비자금융, 싱크탱크, 인재파견업과 같은 산업의 경영자가 부유층으로 등장합니다. 이것을 보면 서비스산업화가 더욱 진행된 것을 알 수 있습니다.

이렇게 부유층이 된 경영자가 종사하고 있는 산업은 그 시대의 변화를 상징적으로 나타내고 있다고 할 수 있을 것입니다.

### 샐러리맨 경영자와 창업 경영자

두 번째로 큰 변화는 경영자 종류의 변화입니다. 경영자에는 경영자가 되는 과정에 의해 두 가지 종류로 나누어집니다. 하나는 '샐러리맨 경영자'라고 불리는 형태입니다. 즉 회사에 취직하여 일반 샐러리맨으로 시작해서 승진을 거듭해 끝내 최고경영자가 되는 사람들입니다. 다른 한 가지 타입은 '창업 경영자'입니다. 자신이 기업을 일으켜서 창업기업의 경영자로서 존재하는 형태입니다.

같은 기업 경영자에서도 이 둘 사이에는 큰 차이가 있습니다. 샐러리맨 경영자의 경우, 경영자가 되기 전에는 일반 근로자였습니다. 한편 창업 경영자의 경우는 과거 근로자의 경험을 가지고 있는 사람도 있으나, 많은 경우에는 처음부터 경영자로 시작합니다.

전후 오늘날까지 서서히 후자인 창업 경영자가 부유층에 많이 진입했다는 변화를 볼 수 있습니다. 1960년대 고도성장기에는 대부분이 샐러리맨 경영자였습니다. 그것이 1980년대에 들어와 서비스산업의 경영자가 늘고 그중에는 창업 경영자도 다수 존재했습니다. 그리고 2000년대로 들어와 최근에 특히 주목되고 있는 IT기업 등 창업 경영자가 부유층으로 상당히 늘어나고 있습니다.

### 기업규모의 변화

세 번째 변화로 지적할 수 있는 것이 기업의 규모입니다. 과거에는 부유층에 이름을 올리는 경영자의 기업은 대기업이 대부분이었습니다. 하지만 현재는 양상이 크게 바뀌었습니다. 작은 창업 기업으로 출발하여 규모가 대기업만큼은 아니지만 대기업 경영자 이상의 수입을 올리는 경영자들이 늘고 있습니다.

대표적인 사례를 소개하겠습니다. 2005년의 최고 고액납세자는 소규모의 자산운용회사에 근무하는 파이낸셜 매니저였습니다. 경영자가 아니라 사원이 최고가 되었다는 것에 매스컴도 주목했습니다. 이 회사는 소수의 인원으로 운영하는 작은 회사입니다. 그는 자산운용에서 발군의 능력을 발휘하여 그 수수료로 연간 100억 엔의 수입을 얻었다고 추정됩니다. 개인의 능력, 성과주의가 철저하게 활용된 예라고 할 수 있습니다.

## 고소득 경영자의 변화의 의미

오늘날 부유층으로 매스컴 등에서도 주목받고 사회적 존재감 presence도 높아지고 있는 것이 라이브도어livedoor나 라쿠텐 등으로 대표되는 IT산업입니다. 또는 2006년 6월에 대표가 체포된 무라카미 펀드 등의 투자회사입니다.

기업매수, 주식매매, 자산운용 등을 반복하여 고소득을 얻는 것이 투자회사의 일반적인 패턴입니다. 그들은 창업 경영자입니다. 몇 명의 작은 기업으로 출발하여 금융IT 또는 투자회사로 키운 것입니다. 그들은 어떤 의미로는 오늘날의 새로운 고소득 경영자의 상징이기도 한 것입니다.

그들과 과거의 샐러리맨 경영자를 비교하면 기업사회에서의 부유층의 변동의 의미를 잘 이해할 수 있다고 생각합니다. 샐러리맨 경영자는 공통된 모델이 있습니다. 명문이라 불리는 대학에 입학하여 졸업 후에는 일류기업에 입사. 그리고 출세의 계단을 서서히 올라가 최고경영자의 지위를 얻는 모델입니다. 그 과정에서는 입시경쟁, 취직경쟁, 승진경쟁이라는 격한 경쟁이 있으며 그것을 이겨낸 후에야 비로소 그 기업의 최고의 자리까지 도달하게 되는 것입니다.

그러나 그렇게 고생해서 최고의 지위에 도달해도 샐러리맨 경영자의 경우는 일반 근로자와의 수입 격차는 그다지 크지 않습니다. 미국의 경영자와 근로자의 수입 차이에 비하면 아주 적은 차이에 불과합니다.

한편 지금 예로 든 바와 같이 오늘날의 고소득 경영자의 경우는 어떻습니까. 예를 들어, 증권거래법위반 등의 용의자로 체포 된 라이브도어의 전 사장 호리에타 카후미堀工貴文가 한 말이 상징적입니다. '큰 회사에 들어가 긴 세월 동안 승진경쟁에 시달리다 마침내 50세에 경영자가 되는 것보다도 불필요한 경쟁을 하지 않고, 젊은 때부터 기업起業하는 편이 좋다'고 말하고 있습니다. 더욱이 그들은 샐러리맨 경영자와는 비교할 수 없을 만큼의 막대한 수입을 얻고 있는 것입니다. 이런 점에서 생각하면 그들의 등장도 일반 근로자와 경영자의 격차를 넓히고 있는 요인으로 작용하고 있습니다.

이러한 상황 속에서 처음부터 사업가를 목표로 하는 것이 낫다고 생각하는 청년이 실제로 늘고 있습니다. 입시경쟁, 취직경쟁, 승진경쟁 등과 같은 가혹한 경쟁에 이겨도 그만큼 높은 수입은 얻을 수 없습니다. 그것보다는 경쟁을 하지 않고 스스로 비즈니스를 성공시켜, 엄청난 수입을 얻는 편이 낫다고 생각하는 사람이 나오는 것은 어떤 의미에서는 당연합니다.

하지만 여기서 조심해야 할 것이 있습니다. 확실히 오늘날의 창업 경영자의 경우, 비즈니스에 성공하면 단기에 큰 수입을 얻을 수 있습니다. 그러나 반대로 실패할 확률도 높다는 것도 알아야 합니다. 라이브도어의 호리에 대표, 무라카미펀드의 무라카미 요시아키村上世彰 대표를 시작으로 매스컴 등에서 인기가 있는 것은 극소수의 성공자인 것입니다. 더욱이 그들의 경우에서도 그 후 증권거래법위반 등으로 체포된 사태에 이르는 등, 높은 리스크와 이웃하고 있는 것을 염두에 두지 않으면 안 됩니다.

## 근로자서의 시점인가, 자본가로서의 시점인가

샐러리맨 경영자의 경우, 그 기업에서 일반사원으로 경험을 길게 쌓아왔습니다. 한편 창업 경영자의 경우는 다른 기업에서 일반사원으로 일한 경험이 있을지도 모릅니다만, 기본적으로는 자신의 사업을 일으켜서 갑자기 경영자가 되는 것입니다. 이 차이는 그들이 어떠한 경영자가 되는지에 적지 않은 영향을 주게 된다고 생각합니다.

즉, 샐러리맨 경영자는 직원으로서의 경험이 있기 때문에 어느 정도 근로자의 마음을 이해할 수 있습니다. 그래서 근로자에게 가혹한 것을 요구하지 못하거나 하지 않는 경향이 있습니다.

한편, 근로자 경험이 없는 창업 경영자는 자신의 기업에서 일하는 근로자의 마음이나 감정 등을 이해하지 못하는 경우도 적지 않습니다. 왜냐하면 처음부터 자본가, 경영자로 시작했기 때문입니다. 그의 시점은 자본가입니다. 아무튼 자신의 기업, 비즈니스의 성공에만 중점을 둔 경영을 하는 경향이 있습니다. 라이브도어의 호리에 대표가 자사의 시가총액이 올라가는 것에 특히 힘을 들이거나, 주가의 상승을 노리고 기업매수나 합병을 계속하는 기업경영을 행한 것도 그것을 설명해 주고 있는 것이라 하겠습니다. 합병된 회사의 사원이 어떻게 되는지에 대해서는 그다지 배려하지 않습니다. 근로자에 대한 배려는 부수적으로 될 가능성이 있습니다. 따라서 예를 들어 구조조정에 대해 주저하지 않습니다. 기업의 흡수나 합병으로 인해 그곳에서 일하고 있는 직원들이 어떻게 되는가에 대한 것 등은 그들의 관심사가 아닙니다.

알기 쉬운 예를 이야기하겠습니다. 2005년, 무라카미펀드가 한신전철의 주식을 매점買占–값이 오를 것을 예상하고 폭리를 취하기 위해 대상을 몰아서 사들이는 행위하려는 행동을 취했습니다. 무라카미펀드가 한신의 주식을 매점하는 데 성공하여 경영권을 취득했다고 가정합시다. 그러나 그들에게는 철도사업의 경험이 없습니다. 더 말하자면, 그들의 관심이 정말 철도사업에 있었는지조차 의문입니다. 그러한 사람들이 철도사업의 경영에 나선다면 어떤 일이 벌어질까요. 철도라는 공공적인 것의 안전성조차 확보할 수 없게 될지도 모릅니다. 이렇게 자본의 논리만으로 경영하는 것은 여러 가지 폐해를 낳을 위험성이 있는 것입니다.

## 경영자의 변화에 의한 인재 배치의 위태로움

그 외에도 고소득 경영자의 변화가 가져오는 의미를 덧붙여 봅시다. 그것은 일본의 인재배치 문제입니다. 앞서 말한 바와 같이 대기업에 근무하며 가혹한 경쟁에 몸을 두는 것보다 처음부터 스스로 기업起業을 하는 편이 낫다고 생각하는 청년이 증가하는 경향이 있습니다. 그러면, 우수한 사람이 기업, 특히 대기업에 모이지 않는 것이 우려됩니다.

지금까지 일본 경제의 중추 역할을 해 온 것은 주로 대기업입니다. 가격이 싸고 어느 정도의 품질도 만족할 만한 제품을 대량으로 생산하여 국내뿐 아니라, 해외로도 수출하여, 일본경제를 지탱, 발전시켜 왔습니다. 대기업은 대량의 종업원을 고용하기 때문에 일자리를 제공한다는 면에서 공헌했습니다. 예를 들어 도요타와 같은 기업이 대표적인 예일 것입니다. 우수한 기술자, 사원이 모여 일본의 기간산업을 지탱하고 일본 경제의 견인역할을 해온 것입니다.

하지만 우수한 청년이 기업을 멀리하고 창업하여 막대한 수입을 얻는 것을 목표로 하게 된다면 어떨까요. 기업에 우수한 인재가 모이기 힘들게 되고, 일본 경제의 중추인 기업에 '그늘' 이 드리워질 가능성이 있습니다. 그런 기업들의 생산성도 떨어질지도 모릅니다.

또한 오늘날의 고소득 경영자가 종사하는 산업에는 파친코 경영, 소비자금융과 같은 것도 있다고 설명했습니다. 이러한 산업이 고소득 산업으로 나타난 것도, 근래의 특징이라 할 수 있을 것입니다. 그러나 이러한 업종이 고소득 산업으로 평가되는 것이 과연 건전한 사회라 할 수 있겠습니까. 불경기라면서 도박에 고액의 돈을 던져 넣는 사람이 늘어난다든지 고액의 빚을 지고 있는 다중채무자가 증가한다든지 '돈벌이가 된다' 는 매력에 끌려, 우수한 인재가 기간산업을 지탱하는 대기업이 아닌 이러한 산업에 흘러들어 간다면, 역시 인재배치의 측면에서 문제라고 느끼지 않을 수 없습니다.

물론 청년의 대다수가 고수입을 바라고 창업에 몰리는 것은 아닙니다. 착실하게 창업해서 일하고 싶다는 청년도 많이 있습니다. 이러한 청년이 보람을 느끼고 그 위에 일본 경제의 중추로써 활약하는 장을 제공할 수 있도록 노사의 노력이 필요할 것입니다.

## 의대 진학의 과열화현상

다음으로, 경영자에 필적하는 오늘날의 고소득 직종인 의사에 대하여 이야기하겠습니다. 앞에서 말한 바와 같이 의사는 부유층의 15%를 점하고 있는 직종입니다. 다른 직종과 비교하여, 의사 수는 그렇게 많은 편은 아닙니다 2004년 약 27만 명. 따라서 일단 의사가 되면 부자가 될 확률이 상당히 높다고 할 수 있을 것입니다.

지위도 있는데다 수입도 좋다는 매력에 현재 의학계열 진학열기가 뜨겁습니다. 실제로 몇몇 대학에서는 의대의 입학시험의 최저점수가 타 학부의 최고점수보다도 높은 현상이 일어나고 있습니다. 또한 진학을 목적으로 하는 고등학교의 졸업생이 의대로 쇄도하는 현상도 있습니다. 예를 들어 고베의 어느 고교의 졸업생은 동경대 이과Ⅲ 의대 진학과정의 23.3%, 교토대 의대의 21.6%에 달하는 합격자 점유율을 차지하고 있습니다.

이러한 현상은 학력수준이 높은 학생이 의대에 집중한다는 것을 말해주고 있습니다. 확실히 의사는 두뇌와 학력이 우수해야만 합니다. 의학의 지식은 언제나 최신의 것을 알 필요가 있습니다. 새로운 치료법과 신약의 개발은 인간의 생명을 구하는 것이며 기초의학 발전에도 의의가 있습니다.

그러나 무엇을 위하여 의대로 진학하는 것인가, 무엇을 위하여 의사가 되는가 하는 것도 애초에 생각해보지 않으면 안 될 문제입니다. 고통 받는 사람을 돕고 싶다거나 사람의 목숨을 구하고 싶다는 등의 동기는 의사가 되지 위해 필요한 동기라고 생각합니다.

오늘날의 의대 진학열기는 그런 동기에서 나오지 않는 경우도 많이 있는 것 같습니다.

예를 들면 의대가 다른 학과와 비교하여, 편차가 높으므로 지망하거나 학력이 우수하다는 이유만으로 부모나 교사가 권한 경우도 적지 않습니다. 더욱이 앞에서 말한 바와 같이 부자가 될 확률이 높다는 것도 이유 중 하나입니다.

## 의대 인기의 뒷면에서

실제로 이러한 풍조가 가져오는 폐해도 일어나고 있습니다. 첫 번째로 우수한 사람이 의사지망으로만 몰리는 문제입니다. 당연한 것입니다만, 의사 이외에도 우수한 인재를 필요로 하는 직업은 많이 있습니다. 기술자, 학자, 경영자, 변호사 등 그 외에도 얼마든지 예를 들 수 있습니다. 그럼에도 의대의 인기로 인해 우수한 학력을 가진 사람들이 그러한 분야로 모이지 않게 되면 일본 사회에게는 손해일 것입니다.

그것도 사실은 의사가 적성이 아닌 사람마저도 의대로 진학할 가능성이 있습니다. 앞에서 말한 것처럼 의사에게 우수한 두뇌와 높은 학력이 필요한 것은 의심할 여지가 없습니다.

그러나 그것만으로는 좋은 의사가 될 수 없습니다. 예를 들어 외과 수술 등에서는 두뇌와 더불어 섬세한 손동작이나 체력이 보다 중요합니다. 또한 학력에 치우친 수재가 동정심을 가지고 환자를 대할 수 있다고 볼 수만은 없습니다.

두 번째로 진료과목의 인재배치 문제입니다. 의사의 총수는 매년 늘

표3-8 진료과별 의사의 연차추이

| | 의사수(명) | | | | | |
|---|---|---|---|---|---|---|
| | 1990년 | 1994년 | 1998년 | 2002년 | 2004년 | 1990~2004년 증가율(%) |
| 의료시설의 종사자 | 203,797 | 220,853 | 236,933 | 249,574 | 256,668 | 26 |
| 내과 | 87,012 | 91,756 | 96,513 | 99,196 | 98,232 | 13 |
| 소아과 | 34,603 | 33,506 | 34,064 | 32,706 | 32,151 | -7 |
| 정신과 | 9,347 | 10,594 | 11,843 | 13,172 | 13,609 | 46 |
| 신경과 | 6,719 | 6,442 | 6,916 | 6,734 | 6,827 | 2 |
| 신경내과 | 3,675 | 4,560 | 5,121 | 5,726 | 6,075 | 65 |
| 외과 | 33,497 | 34,426 | 35,202 | 34,810 | 34,055 | 2 |
| 정형외과 | 19,576 | 21,661 | 23,536 | 24,661 | 24,595 | 26 |
| 성형외과 | 1,586 | 1,859 | 2,328 | 2,856 | 2,961 | 87 |
| 미용외과 | 264 | 325 | 400 | 610 | 715 | 171 |
| 뇌신경외과 | 5,269 | 6,000 | 6,523 | 6,978 | 6,996 | 33 |
| 소아외과 | 1,077 | 1,000 | 1,109 | 1,197 | 1,146 | 6 |
| 산부인과 | 11,746 | 11,707 | 11,478 | 11,041 | 10,555 | -10 |
| 산과 | 1,174 | 633 | 645 | 717 | 727 | -38 |
| 부인과 | 2,539 | 2,161 | 2,302 | 2,522 | 2,633 | 4 |
| 안과 | 9,485 | 10,565 | 11,751 | 12,797 | 12,778 | 35 |
| 피부과 | 13,205 | 13,525 | 14,417 | 14,929 | 14,866 | 13 |
| 마취과 | 5,949 | 6,902 | 8,139 | 8,819 | 8,981 | 51 |

출처: 후생노동성 '의사, 치과의사, 약제사 조사'로 작성

어나고 있습니다(표3-8). 그러나 어떤 진료과목은 지원자가 줄어든 경우도 있습니다. 특히 뚜렷한 과목은 산부인과와 소아과입니다. 이런 과목은 모두 의사의 책임이 무겁고, 거기에 24시간 체제로 가혹한 근

무를 강요받습니다. 그럼에도 불구하고 다른 진료과목과 비교하여 수입이 특별히 높지는 않습니다.

　반면 현저하게 인원이 증가한 진료과목도 있습니다. 그것은 성형외과입니다. 그 외에도 정신과, 신경내과, 안과, 마취과 등도 증가율이 눈에 띄고 있습니다. 앞에서 서술한 『일본의 부자연구』에서 의사 중에서도 어떤 진료과목의 의사가 고소득자인지를 조사했습니다. 그 결과 성형외과나 안과 등의 의사가 고소득자로 많은 이름이 올라 있는 것을 알 수 있었습니다.

　의사 전체에서 인원이 가장 많은 것은 내과 및 외과입니다 2004년에는 내과가 의사 전체의 38%, 외과가 13%. 그러나 이 두 과목은 인원이 거의 변함이 없습니다. 암치료나 뇌수술 등, 내과나 외과가 사람의 생명에 관한 중요한 진료과목인 것은 이해할 수 있을 것입니다

　이상에서 알 수 있는 것은 성형외과 등, 생명에 관한 리스크가 적고 고소득이 기대되는 진료과목에 급속히 사람들이 모여들고 있다는 것입니다. 한편 산부인과나 외과, 내과 등 일이 힘들고 리스크가 큰 진료과목은 장래에 인원부족이 발생할지도 모릅니다. 실제로 벌써부터 산부인과 의사가 부족한 지역 등이 매스컴에 보도되고 있습니다. 이와 같이 의사의 인재배치 문제가 현실에서 일어나고 있는 것입니다.

　세 번째로 봉직의 월급받는 의사에서 개업의로 지망하는 숫자가 증가하고 있습니다. 의사는 크게 나누어 두 종류가 있습니다. 병원에 근무하는 봉직의와 스스로 병원을 개업한 개업의입니다. 고소득자로 이름을 올리는 것은 압도적으로 개업의가 많습니다. 후생노동성의 조사 2005년

에서는 봉직의의 평균 연수입이 약 1,370만 엔이었고, 개업의의 평균 연수입은 2,744만 엔으로 2배나 차이가 있습니다. 참고로 앞서 말한 성형외과도 고소득을 얻고 있는 사람의 대부분은 개업의입니다.

일본의 의료 발전을 지탱해 온 것은 주로 큰 병원의 봉직의라 할 수 있을 것입니다. 어려운 치료는 의료설비가 갖춰진 큰 병원이 아니면 불가능하며 장시간 걸리는 수술도 큰 병원에서 행해집니다. 그러나 한편으로는 봉직의는 조직에 속해 일하며 통상 개업의보다 장시간 노동을 강요받는데다, 일이 힘든 부분을 지적할 수 있습니다.

압도적인 소득 격차를 배경으로 봉직의를 피하여 개업의를 지망하는 사람이 늘어나는 것은 과연 일본의 의료 발전에 좋은 일일까요? 저는 미래적으로 일본의 의료 수준을 저하시킬 문제를 내포하고 있다고 생각합니다. 봉직의로서 내과, 외과, 산부인과, 소아과 등에서 일하는 의사가 감소하지 않는 체제를 만들어 갈 필요가 있습니다.

## 기업과 의료의 공통점

이와 같이 접근하면 의사 세계에서의 변화 및 그것이 내포하고 있는 문제점은 앞서 본 경영자의 경우와 닮아 있다고 할 수 있을 것 같습니다. 조직에서 성실히 일하는 것보다 스스로가 최고가 되어 고소득을 얻고 싶다는 사람들이 늘어난 결과 일본의 산업 발전을 지탱해 온 대기업과 일본의 의료 수준을 향상시켜온 큰 병원에서 인재의 공동화가 일어나버리면 큰 문제라고 생각합니다. 따라서 수입의 측면과 노동적 측면에서의 개선 등 우수한 인재를 모을 수 있는 노력이 필요하다고 생각합니다.

## 현대 부유층의 행동

일본의 부유층의 수가 증가하고 이 사람들의 소득과 자산이 점점 더 증가하는 중에 새로운 움직임이 부유층에 일어나고 있습니다. 구체적으로는 더더욱 소득을 늘리기 위해서 어떻게 하면 좋을까 하는 것에 열중하고 있는 것과, 세금으로 정부에게 징수되는 금액을 가능한 줄이려고 노력하고 있는 것입니다. 이러한 현상들에 대하여 설명해 보겠습니다.

첫 번째로 땀 흘려 일하지 않고, 주식이나 채권의 자산운용을 잘해서 소득과 자산을 늘리려는 경향이 높아지고 있습니다. 우량 투자처를 찾아 해외 투자처도 포함하여 여러 가지의 자산운용을 하고 있습니다. '데이트레이더Day trader'라는 것도 그 한 예로, 풍부한 자금을 밑천으로 주식과 채권의 매매를 24시간 적극적으로 행하고 있습니다. 이미 말씀드린 무라카미펀드도 주식거래를 잘해서 대단히 큰 부를 얻는 예로 이해할 수 있을 것입니다.

두 번째로 미국에서 한 때 유행했던 '개인의 법인전환'이 일본에도 도입되고 있습니다. 법인세율을 내릴 수 있는 것으로 인해, 소득세율이 법인세율보다도 높아졌습니다. 거기서 회사원과 같은 개인으로 높은 소득세를 내는 것보다도 법인이 되어 자신의 회사를 만들어 스스로 사장이 되어서 낮은 법인세율로 세금을 내는 방법을 취하는 사람이 나타납니다. 이 방법이 '개인의 법인전환'이라는 것입니다. 이것은 절세대책으로 미국에서 자주 사용되는 방법으로 법인 수가 엄청나게 증가한 이유 중 하나입니다. 일본에서도 법인의 설립이 쉬워졌기 때문에 많은 사람이 행동으로 옮길 여지가 있고 이미 일부에서는 그러한 경향이 보입니다.

 세 번째로 이것도 절세대책의 한 가지인데, 주거를 세율이 낮은 다른 나라로 옮겨서 세금의 지불을 가능한 한 낮게 억제하고자 하는 행동이 보입니다. 해외에서도 부유층을 유치하기 위하여 의도적으로 세금을 낮춘 나라가 있습니다. 무라카미펀드의 무라카미 요시아키는 체포 직전에 싱가포르로 본거지를 옮겼습니다. 이것도 세금을 피하는 수단으로 행한 행동이라고 할 수 있습니다. 부유층의 조세회피책은 해외 도피뿐만 아니라, 국내에서도 여러 가지 수단이 비즈니스의 하나로 제공되고 있으며, 부유층은 그것을 받아들이고 있습니다.

 이러한 부유층의 소득과 자산을 더욱 늘리려는 행동을 어떻게 평가하면 좋을까요. 우리는 자유를 보장하는 나라에 거주하고 있으므로 이런 행동을 할 수 없는 것이 원칙입니다. 만약 법률을 위반했다면 엄중히 처벌받아야 옳은 것입니다. 하지만 선택은 '개인의 자유'라고 할 수 있습니다. 그렇더라도 폐해가 너무 눈에 띄게 드러난다면 세제나 회사법의 개정이라는 정책도 있을 수 있을 것입니다.

 구체적인 대책으로 어떤 것이 있는지 논의하기 위해서는 책 한 권이 필요하므로 여기서는 하지 않겠습니다. 하지만 한 가지만 약간 감정적인 사례를 설명하고 이 장을 마치고 싶습니다. 그것은 어느 테니스 선수의 이야기입니다. 70년대부터 80년대 전반에 걸쳐 활약한 스웨덴의 프로 테니스 선수 비욘 보그가 있었습니다. 명선수로 여러 번 우승을 거두어 거액의 상금을 획득했습니다.

현역으로 활동하던 때, 스웨덴의 소득세율이 너무 높아, 절세를 위해서 세율이 상당히 낮은 모나코로 주거를 옮겼습니다. 하지만 현역 은퇴 얼마 후 다시 모국인 스웨덴으로 돌아왔습니다. 그 이유는 스웨덴은 세금과 사회보험료 부담이 확실히 무겁긴 하지만, 좋은 환경의 사회보장제도는 노후생활에 안정감을 줄 수 있었기에 자신은 그것을 위해 스웨덴에 살겠다는 것이었습니다.

이 일화를 독자 여러분은 어떻게 평가하실 수 있겠습니까. 물론 사람에 따라 다르겠지만 해외로 도피하는 일본인 부유층의 대답도 들어보고 싶습니다.

## 4. 지역 격차의 실태

### 수치로 보는 지역 격차

다음으로 지역 격차에 대하여 생각해 보고자 합니다. 수년 전부터 중앙에 비해 지방의 쇠퇴가 눈에 띈다는 말을 많이 듣고 있습니다. 예를 들면 셔터를 내린 가게가 즐비한 상가가 지방에는 많이 있으며, 일이 없고 소득이 줄었다는 등의 지방이 피폐해져 있다는 말들이 들립니다. 이 문제를 어떻게 생각해야 좋을까요.

그것을 생각하기 위해 먼저 수치를 사용하여, 지역 격차의 상황을 확인해 봅시다.

첫 번째로 완전실업률부터 봅시다. 표 3-9는 1975년부터 2000년까지 지역별로 실업률을 나타낸 것입니다. 이것에 의하면 1975년의 전국 평균실업률은 2.3%였습니다. 지역별로 보면, 가장 실업률이 낮은 지역이 호쿠리쿠로 1.6%, 다음으로 토카이가 1.7%입니다. 실업률이 가장 높은 곳은 오키나와로 8.1%입니다. 그리고 큐슈의 3.2%로 이어집니다. 현별로 보면 가장 낮은 것은 니가타 현, 나가노 현, 기후 현의 1.3%, 반대로 높은 곳은 오키나와 현, 코치 현의 3.9%입니다.

2000년이 되어 어떠한 변화가 있었는지 살펴보겠습니다. 실업률은 전국 평균이 4.7%가 되었고, 75년보다도 2.4%나 증가되었습니다. 가장 낮은 실업률은 75년 때와 같이 호쿠리쿠의 3.4%입니다. 다음으로 토카이의 3.9%로 이어집니다. 한편 실업률이 높은 곳은 동일하게 오키나와의 9.4%, 큐슈의 5.1%로 되어 있습니다. 현 별로 보면, 가장 낮은 것은 후쿠이 현, 나가노 현의 3.1%, 반대로 높은 것은 오키나와 현에 이어 후쿠오카 현의 5.9%입니다.

이와 같이 실업률로 본 지역 격차는 30년 전의 상황과 그다지 양상이 바뀌지 않았다고 말할 수 있습니다. 즉 지역에 의한 실업률의 격차는 옛날부터 존재하고 있었다고 볼 수 있는 것입니다.

그런데 최근 15년 정도 불경기가 진행되고 있기 때문에, 실업률 전체가 상당히 높아진 것은 주목해야 할 점입니다. 따라서 실업률이 높은 오키나와나 큐슈와 같은 지방의 심각성이 한층 더해졌다고 할 수 있을 것입니다. 이런 사실은 지역 간의 격차가 확대되고 있는 것을 인

표3-9 지역별완전실업율의 추이(단위:%)

| 지역명 | | 1975년 | 1980년 | 1985년 | 1990년 | 1995년 | 2000년 |
|---|---|---|---|---|---|---|---|
| 도쿄 | | 2.5 | 2.7 | 3.6 | 3.1 | 4.9 | 4.8 |
| 니가타 | | 1.3 | 1.5 | 2.3 | 2.0 | 2.7 | 3.9 |
| 후쿠이 | | 1.5 | 1.6 | 2.0 | 1.9 | 2.5 | 3.1 |
| 나가노 | | 1.3 | 1.2 | 1.7 | 1.7 | 2.5 | 3.1 |
| 기후 | | 1.3 | 1.5 | 2.0 | 2.0 | 3.2 | 3.7 |
| 오사카 | | 3.1 | 3.3 | 4.5 | 4.2 | 6.2 | 7.0 |
| 코치 | | 3.9 | 4.0 | 5.6 | 4.7 | 5.4 | 5.3 |
| 후쿠오카 | | 3.8 | 4.1 | 5.7 | 4.5 | 5.5 | 5.9 |
| 오키나와 | | 8.1 | 7.7 | 7.6 | 7.7 | 10.3 | 9.4 |
| 전국 | | 2.3 | 2.5 | 3.4 | 3.0 | 4.3 | 4.7 |
| 홋카이도 | | 2.1 | 2.6 | 4.4 | 3.6 | 4.4 | 4.8 |
| 토호쿠 | | 1.8 | 2.1 | 3.0 | 2.6 | 3.5 | 4.3 |
| 칸토코신 | | 2.1 | 2.2 | 3.0 | 2.7 | 4.3 | 4.6 |
| 호쿠리쿠 | | 1.6 | 1.7 | 2.2 | 2.1 | 2.9 | 3.4 |
| 토카이 | | 1.7 | 1.8 | 2.5 | 2.4 | 3.5 | 3.9 |
| 간사이 | | 2.7 | 2.9 | 3.9 | 3.6 | 5.3 | 5.8 |
| 츄고쿠 | | 1.9 | 2.2 | 3.0 | 2.6 | 3.5 | 4.1 |
| 시코쿠 | | 2.9 | 3.1 | 4.3 | 3.8 | 4.5 | 5.0 |
| 큐슈 | | 3.2 | 3.3 | 4.6 | 3.7 | 4.6 | 5.1 |
| 오키나와 | | 8.1 | 7.7 | 7.6 | 7.7 | 10.3 | 9.4 |
| 3대도시권 | | 2.4 | 2.5 | 3.4 | 3.1 | 4.7 | 5.0 |
| | 도쿄권 | 2.3 | 2.4 | 3.2 | 2.9 | 4.6 | 4.8 |
| | 나고야권 | 1.7 | 1.9 | 2.5 | 2.5 | 3.6 | 4.0 |
| | 오사카권 | 2.8 | 3.1 | 4.1 | 3.7 | 5.6 | 6.1 |
| | 지방권 | 2.2 | 2.4 | 3.4 | 3.0 | 3.9 | 4.5 |

출처: 총부성 '국제조사보고'
주: 지역별 완전실업율(%) = (지역내의 완전실업자총수 ÷ 지역내의 노동력인구총수) × 100

식시켰습니다.

이와 동일한 사실을 유효구인배율로도 말할 수 있습니다. 2004년의 유효구인배율은 전국 평균 0.83배100명이 구직 중일 때 기업에서 83명을 구인했다는 의미, 가장 낮은 곳은 오키나와로 0.4배입니다(표3-10). 그 다음이 홋카이도 0.54배, 큐슈 0.61배로 이어집니다. 반면 유효구인배율이 높은 곳은 토카이가 1.22배로 가장 높고 다음이 츄고쿠 지방 0.96배입니다. 현별로 가장 낮은 곳은 오키나와 현, 그 다음이 아오모리 현 0.33배입니다. 가장 높은 곳은 아이치 현 1.4배, 이어서 군마 현 1.29배로 되어있습니다.

결론적으로 유효구인배율의 지역 간 격차는 실업률의 격차보다 크다고 할 수 있습니다.

다음으로 중요한 지표는 1인당 소득에 의한 비교입니다. 즉 어떤 현에서 소득을 얻고 있는 사람들의 1인당 평균 소득을 비교하는 것으로써, 도시와 지방 사람들의 소득 격차를 조사할 수 있습니다.

1990년의 전국 평균 1인당 소득은 291만 엔입니다(표3-11). 2002년은 292만 엔입니다. 이 12년 간 소득이 거의 늘지 않았다는 것은 어떤 의미로 놀랍기까지 합니다. 일본에서 얼마나 경제가 침체되었는지를 알 수 있습니다.

2002년의 1인당 소득의 지역별 격차에 주목해 보겠습니다. 가장 낮은 곳이 오키나와로 203만 엔, 그 다음이 큐슈로 247만 엔, 계속해서 시코쿠로 248만 엔입니다. 한편 1인당 소득이 가장 높은 곳은 칸토코신으로 324만 엔, 그 다음이 토카이 322만 엔으로 나와 있습니다. 여

표3-10 지역별유효구인배율의 추이(단위:배)

| 지역명 | 1999년 | 2000년 | 2001년 | 2002년 | 2003년 | 2004년 |
|---|---|---|---|---|---|---|
| 아모모리 | 0.32 | 0.39 | 0.33 | 0.29 | 0.31 | 0.33 |
| 군마 | 0.65 | 0.92 | 0.88 | 0.73 | 0.99 | 1.29 |
| 도쿄 | 0.48 | 0.65 | 0.76 | 0.70 | 0.82 | 1.15 |
| 아이치 | 0.56 | 0.74 | 0.79 | 0.75 | 0.96 | 1.40 |
| 오사카 | 0.37 | 0.48 | 0.50 | 0.46 | 0.60 | 0.84 |
| 오키나와 | 0.22 | 0.28 | 0.26 | 0.30 | 0.36 | 0.40 |
| 전국 | 0.48 | 0.59 | 0.59 | 0.54 | 0.64 | 0.83 |
| 홋카이도 | 0.44 | 0.46 | 0.48 | 0.47 | 0.49 | 0.54 |
| 토호쿠 | 0.49 | 0.59 | 0.51 | 0.45 | 0.55 | 0.66 |
| 칸토코신 | 0.47 | 0.62 | 0.66 | 0.58 | 0.70 | 0.94 |
| 호쿠리쿠 | 0.65 | 0.80 | 0.70 | 0.64 | 0.75 | 0.99 |
| 토카이 | 0.61 | 0.77 | 0.80 | 0.74 | 0.90 | 1.22 |
| 간사이 | 0.38 | 0.48 | 0.49 | 0.45 | 0.57 | 0.78 |
| 츄고쿠 | 0.64 | 0.72 | 0.70 | 0.66 | 0.78 | 0.96 |
| 시코쿠 | 0.62 | 0.66 | 0.65 | 0.61 | 0.66 | 0.78 |
| 큐슈 | 0.41 | 0.48 | 0.47 | 0.42 | 0.51 | 0.61 |
| 오키나와 | 0.22 | 0.28 | 0.26 | 0.30 | 0.36 | 0.40 |
| 3대도시권 | 0.41 | 0.55 | 0.60 | 0.55 | 0.67 | 0.92 |
| 　도쿄권 | 0.41 | 0.55 | 0.63 | 0.56 | 0.67 | 0.91 |
| 　나고야권 | 0.55 | 0.72 | 0.76 | 0.73 | 0.93 | 1.35 |
| 　오사카권 | 0.37 | 0.47 | 0.49 | 0.45 | 0.57 | 0.78 |
| 　지방권 | 0.53 | 0.62 | 0.59 | 0.53 | 0.62 | 0.75 |

출처: 후생노동성 '노동통계연보'
주: (1) 지역별 유효구인배율 = 지역내의 유효구인수 ÷ 지역내의 유효구직자수
　　(2) 신규졸업자를 제외하고 파트타임노동자를 포함함
　　(3) 월평균임

표3-11 지역별 1인당 현민소득의 추이(단위:천엔 / 명)

| 지역명 | 1990년 | 1995년 | 2000년 | 2001년 | 2002년 | 소득수준(전국 = 100) | | | | |
|---|---|---|---|---|---|---|---|---|---|---|
| | | | | | | 1990년 | 1995년 | 2000년 | 2001년 | 2002년 |
| 아모모리 | 2,243 | 2,442 | 2,401 | 2,306 | 2,213 | 77.2 | 78.7 | 78.1 | 78.2 | 75.9 |
| 도쿄 | 4,140 | 4,152 | 4,319 | 4,150 | 4,080 | 142.5 | 133.8 | 140.5 | 140.7 | 139.9 |
| 아이치 | 3,339 | 3,534 | 3,439 | 3,405 | 3,421 | 114.9 | 113.9 | 111.9 | 115.4 | 117.3 |
| 오사카 | 3,497 | 3,412 | 3,180 | 3,049 | 3,030 | 120.4 | 109.9 | 103.5 | 103.3 | 103.9 |
| 오키나와 | 1,894 | 2,037 | 2,108 | 2,067 | 2,031 | 65.2 | 65.7 | 68.6 | 70.0 | 69.6 |
| 전국 | 2,905 | 3,103 | 3,074 | 2,951 | 2,916 | 100.0 | 100.0 | 100.0 | 100.0 | 100.0 |
| 홋카이도 | 2,407 | 2,754 | 2,674 | 2,637 | 2,563 | 82.8 | 88.8 | 87.0 | 89.4 | 87.9 |
| 토호쿠 | 2,360 | 2,644 | 2,684 | 2,579 | 2,518 | 81.2 | 85.2 | 87.3 | 87.4 | 86.3 |
| 칸토코신 | 3,333 | 3,493 | 3,457 | 3,289 | 3,236 | 114.7 | 112.6 | 112.5 | 111.5 | 111.0 |
| 호쿠리쿠 | 2,814 | 3,029 | 3,004 | 2,914 | 2,905 | 96.9 | 97.6 | 97.7 | 98.8 | 99.6 |
| 토카이 | 3,096 | 3,313 | 3,296 | 3,209 | 3,223 | 106.6 | 106.8 | 107.2 | 108.7 | 110.5 |
| 간사이 | 3,053 | 3,169 | 3,029 | 2,865 | 2,860 | 105.1 | 102.1 | 98.5 | 97.1 | 98.1 |
| 츄고쿠 | 2,650 | 2,857 | 2,818 | 2,756 | 2,718 | 91.2 | 92.1 | 91.7 | 93.4 | 93.2 |
| 시코쿠 | 2,330 | 2,632 | 2,574 | 2,531 | 2,481 | 80.2 | 84.8 | 83.8 | 85.8 | 85.1 |
| 큐슈 | 2,296 | 2,513 | 2,594 | 2,507 | 2,470 | 79.0 | 81.0 | 84.4 | 85.0 | 84.7 |
| 오키나와 | 1,894 | 2,037 | 2,108 | 2,067 | 2,031 | 65.2 | 65.7 | 68.6 | 70.0 | 69.6 |
| 3대도시권 | 3,342 | 3,483 | 3,396 | 3,243 | 3,208 | 115.0 | 112.2 | 110.5 | 109.9 | 110.0 |
| 도쿄권 | 3,490 | 3,629 | 3,580 | 3,409 | 3,348 | 120.1 | 116.9 | 116.5 | 115.5 | 114.8 |
| 나고야권 | 3,214 | 3,428 | 3,367 | 3,313 | 3,325 | 110.6 | 110.5 | 109.5 | 112.3 | 114.0 |
| 오사카권 | 3,127 | 3,228 | 3,048 | 2,876 | 2,869 | 107.6 | 104.0 | 99.2 | 97.5 | 98.4 |
| 지방권 | 2,532 | 2,776 | 2,791 | 2,693 | 2,658 | 87.1 | 89.5 | 90.8 | 91.3 | 91.1 |
| 지방권 | 0.16 | 0.14 | 0.13 | 0.13 | 0.13 | 0.16 | 0.14 | 0.13 | 0.13 | 0.13 |

출처: 내각부 '현민경제계산연보'

주: (1) 지역별 1인당 현민소득은 자료에서 다음과 같이 산출하였다.
　　　지역별1인당현민소득 = 지역내현민소득 ÷ 지역내인구
　(2) 인구는 국세조사년은 '국제조사보고', 국세조사년 이외의 해에는 '도부현 별 추계인구(총무성, 각년 10월1일현재)'에 의함
　(3) 93SNA준거. 참고로 SNA란 국제연합에 의해 권고된 국민경제계산의 국제표준체계임. 93SNA는 93년에 권고된 체계임.

기서 알 수 있는 것은 칸토 지구와 토카이 지구의 소득이 높고, 시코쿠, 큐슈, 오키나와의 소득이 낮다는 것입니다.

2002의 소득을 현별로 보면 낮은 곳 1위는 역시 오키나와 현이고 이어 아오모리 현이 221만 엔으로 2위입니다. 반대로 높은 곳은 토쿄 도의 408만 엔, 다음이 아이치 현 342만 엔으로 나와 있습니다. 가장 낮은 오키나와 현과 가장 높은 토쿄 도의 차이는 실제로 2배입니다.

어떤 지표를 보더라도 중앙과 지방, 도시와 시골 간에 꽤 큰 경제 격차가 존재한다는 것을 알 수 있습니다. 지역 간 격차는 지금 시작된 것은 아닙니다. 1975년과 2000년의 실업률을 상대적인 지역 간 격차의 면에서 보면 그다지 양상이 바뀌지 않은 것도 그것을 나타내고 있습니다. 그러나 절대적인 실업률의 면에서 보면 지방의 실업률이 꽤 높아졌기에 지방 경제의 심각함을 알 수 있습니다.

### 왜 지역 간 격차가 심각해지는가

예전에는 공공사업이 지역 간의 격차를 보완하는 역할을 담당하고 있었습니다. 이미 제2장 4에서 서술한 바와 같이 공공사업은 금전면과 고용면에서 지방을 지탱하는 측면도 가지고 있었습니다. 민간 경제활동에만 맡겨두면 지역 간 격차는 더 넓어졌을지도 모르겠습니다. 공공사업은 그것을 줄이는 기능도 있습니다.

오늘날 권장하고 있는 구조개혁은 이 공공사업을 축소하는 정책을 채택했습니다. 따라서 공공사업이 가지고 있던 지역 간 격차의 개선 기능도 빼앗기게 되었습니다. 그런 반면 공공사업을 대신하는 지역지원책을 도입하는 데까지는 이르지 못했습니다. 이것에 대하여서도 제2장에서 이미 서술했습니다. 이러한 것도 지방을 더 피폐시키는 요인입니다.

또한 상업 분야에서의 규제완화에 의해 대형 점포가 지방에 속속 진출했습니다. 그 결과, 큰 슈퍼나 백화점이 들어서는 한편, 지방에서 개인이 경영하는 형태의 상점가는 쇠퇴하여 셔터고리 셔터를 잠그는 고리, 즉 폐업상태라 불리는 것처럼 쇠퇴해 버렸습니다. 이것도 지방이 피폐한 것을 나타내는 현상입니다.

단, 제2장 4에서도 서술했듯이 이러한 정책이 반드시 문제라고만은 할 수 없습니다. 공공사업에는 편리성이 없는 고속도로부터 낭비도 많이 있었습니다. 마찬가지로 대형 점포의 진출에 관해서도 지방에 그런 대형점이 진출함으로 효율성이 높은 유통업이 가능하게 되어 장기적인 시야로 보면 유통업의 경제 효율을 높이는 것에 공헌하고 있을지도 모릅니다. 일본의 경우, 제조업에 비해 유통업은 효율성이 낮은 산업으로 보고 있었습니다. 대규모 유통업의 등장은 그것의 개선을 기대할 수 있습니다.

그러나 반복해서 말하지만 이러한 것으로 인하여 지방이 쇠퇴한 것에 정부가 유효한 정책을 내놓고 있지 않은 점이 문제입니다. 그러면 도대체 어떤 대책이 필요한 것입니까. 이것에 대해서는 제5장 3에서 말씀드리겠습니다.

## 5. 빼앗기는 기회의 평등

### '결과의 평등'과 '기회의 평등'

다음은 기회의 평등에 대하여 생각해 보겠습니다. 우리가 '평등·불평등'이라 말할 때는 '결과의 평등·불평등', 또는 '기회의 평등·불평등'을 구별할 필요가 있습니다. 결과의 평등·불평등을 논할 때는 사람이 직업 활동과 경제활동 등을 하는 것에 의해 얻은 성과, 즉 소득과 자산이라는 경제적인 성과 등에 주목하여 그것에 격차가 있는지 없는지를 논합니다.

한편 기회의 평등·불평등의 경우는 사람이 직업 활동이나 경제활동을 하기 위한 기회에 대하여 격차가 있었는가 없었는지를 논합니다. 예를 들어 사람은 학교에서 교육을 받고 머지않아 취직하여 기업에서 승진해 갑니다. 이 세 가지 교육, 취직, 승진의 각각의 단계에서 모두 평등하게 기회가 주어지고 있는지, 주어지지 않고 있는지라는 것에 주목하는 것이 기회의 평등·불평등입니다.

기회의 평등에 대해서는 두 가지의 원칙이 있습니다. 첫 번째는 '전원 참가의 원칙'입니다. 사람이 교육을 받고 싶고 취직하고 싶으며 승진하고 싶다고 바라는 사람은 그것을 희망한 시점에서 전원 참가가 가능한, 즉 후보자가 될 기회가 주어져야 한다는 개념입니다.

또 한 가지는 '비차별의 원칙'입니다. 사람이 어떤 직업을 가지고 싶다고 생각했을 때, 거기에는 선발이라는 관문이 존재합니다. 비차별의 원칙은 이 선발이 이루어질 때 차별이 있어서는 안 된다는 개념입니다. 남성이든 여성이든, 젊든 나이 들었든 간에 개인의 자질에 의해 차별당하는 일이 있어서는 안 된다는 것입니다.

이 두 가지의 원칙이 만족되어 있다면 그 사회는 많은 사람에게 기회의 평등성이 주어져 있다고 할 수 있을 것입니다. 하지만 현실은 이 두 가지의 원칙이 마련되지 않은 경우가 적지 않습니다. 그것에 대하여 구체적으로 생각해봅시다.

### 좋은 교육을 받을 수 있는 것은 소득이 높은 부모의 자녀

처음으로 교육 분야에 대해서 이야기합니다. 자신이 바라는 교육을 받을 가능성을 조사해 보면 교육에서의 기회의 평등이 이루어지고 있는지 측정할 수 있습니다. 실제로 자신이 바라는 교육을 받기 위해서는 여러 가지 조건이 필요합니다. 본인의 능력, 부모의 소득, 부모의 교육수준 등이 그것입니다.

단적으로 말하면 누구든 명문대학에서 교육을 받고 싶다고 생각하더라도 간단히 실현할 수 없습니다. 본인의 능력에 차이가 있는 것은 어떤 의미에서는 어찌할 도리가 없는 것입니다. 또는 노력을 했느냐 그렇지 않았느냐도 중요합니다. 능력과 노력은 평등의 원칙에서는 논할 수 없습니다.

그렇기는 하지만 사람이 태어나면서 갖고 있는 능력, 즉 신체능력, 두뇌능력, 용모, 성격 등을 평등·불평등이라는 관점에서 생각하기도 합니다. 현실에 존재하는 선천적인 능력에 차이가 있는 것은 불평등이라는 극단적인 주장도 있습니다. 이것이 정말 그런 것인지를 논의하는 것은 본서의 범위를 넘고 있으므로 여기서는 하지 않겠습니다.

본 주제로 돌아갑시다. 기회의 평등을 논할 때에 중요한 점은, 부모의 소득에 따라, 본인이 바라는 교육을 받을 수 있는지가 결정되어 버린다는 것입니다. 의무교육은 헌법에 의해 국민 모두가 받도록 정해져 있으므로 기본적으로 차별은 존재하지 않습니다. 하지만 의무교육을 마치고 고교로 진학하거나 대학으로 진학할 때 부모의 소득이라는 요소가 상당한 영향력을 가진다는 것을 여러 가지 통계를 통해 확인할 수 있습니다.

알기 쉬운 예로 설명하자면 일본에서 가장 들어가기 어려운 대학이라고 하면, 일반적으로는 도쿄대학입니다. 30년 전이라면 도쿄대학에 진학하는 고교생의 다수는 도쿄의 히비야고교를 비롯한 각 지역의 명문공립고교 출신이었습니다. 공립고교는 사립고교와 비교해 수업료도 싸고 누구든지 입시에 응시할 수 있었습니다. 본인의 능력과 실력에 따라 진학이 기본적으로는 가능합니다. 부모의 소득이 주는 영향은 그다지 크지 않았다고 할 수 있습니다.

하지만 현재는 그렇지 않습니다. 도쿄대학 입학자의 다수가 사립고교 출신으로 변해가고 있습니다. 사립고교는 교육내용도 어느 정도 자유롭게 정할 수 있습니다. 따라서 입시에 특화한 교육으로 명문대학에 학생을 진학시키는 것에 힘을 쏟는 고교가 드물지 않게 되고 있습니다. 더욱이 우수한 자녀들의 지망자가 많이 모이게 되었습니다.

물론 사립고교는 수업료도 비싸고 시험을 통과하여 입학하는 것도 힘듭니다. 입학시키기 위해서 아이를 학원에 보내거나 가정교사를 둡니다. 또한 입학해도 비싼 수업료를 계속 내야합니다. 이렇게 되면 당연히 부모의 소득이 높지 않으면 진학은 무리일 것입니다. 실제로 도쿄대생 자녀를 가진 부모의 소득은 일본의 대학에서는 가장 높은 수준입니다. 20~30년 전에는 케이오기쥬쿠대학 등 일부의 사립대학의 학부모가 소득수준이 가장 높았습니다. 하지만 현재는 도쿄대학 학생의 학부모의 소득수준이 케이오기쥬쿠대학 수준까지 높아지고 있습니다.

최근의 한 흥미로운 예를 소개하겠습니다. 2006년 4월에 개교한 아이치 현 가마고리시의 카이요중고교는 전원 기숙사제인 엘리트학교를 목표로 하고 있으며 수업과 생활을 위해 연간 350만 엔이 들어갑니다. 부모의 소득이 1,000만 엔 이상이 아니면 진학은 무리라고 합니다. 영국의 명문 사립학교인 이튼스쿨을 모델로 하고 있습니다. 계급사회인 영국식의 교육제도가 일본에 뿌리를 내릴지 살펴보는 것은 흥미로운 일입니다.

이와 같은 일은 부모의 소득이 높은 자녀가 좋은 교육을 받는 시대가 되었다는 것을 상징적으로 나타내고 있습니다. 이것은 계층의 고착화로도 이어질 우려가 있습니다.

## 교육에서의 공적부문 철수

이처럼 교육의 기회 평등이 손상되고 있는 상황에서 정부에게 어떤 역할이 있는가를 생각해 봅시다. 첫 번째로 교육비의 문제를 보겠습니다.

앞에서 말한 바와 같이, 예전에는 공립고교에서 국립대학인 도쿄대학으로 진학하는 경우가 드물지 않았습니다. 공립고교나 국립대학은 사립보다 낮은 학비로 교육을 받을 수 있기 때문이었습니다. 이것은 공공부문, 즉 나라가 교육지출을 함으로써 가능하게 됩니다. 공립고교와 국립대학은 대부분의 비용이 공적비용으로 운영되어 가계에 그다지 큰 부담을 주지 않았습니다.

그러나 이제는 상황이 크게 변하고 있습니다. 제가 학생이었던 40여 년 전, 국립대학의 수업료는 연간 12,000엔이었습니다. 그런데 지금의 국립대학 수업료는 50만 엔 정도입니다. 물가상승률을 감안해서 보더라도 상당히 높은 상승폭입니다. 가계의 학비부담도 그만큼 커졌다는 것을 알 수 있습니다.

그 결과 부모의 소득이 어느 정도 높지 않으면 자녀를 대학 등의 상급학교로 진학시키는 것도 어려워졌습니다. 사립대학이라면 학비부담은 더 커집니다. 즉 오늘날 일본의 교육의 기회불평등이 진행되고 있는 것을 나타내고 있습니다. 부모의 소득과는 관계없이 아이들에게 좋은 교육이 주어지는 것이 교육에서의 기회의 평등이라고 생각합니다. 그것을 위해서는 충실한 장학금제도를 시작으로 여러 가지 대책이 필요합니다. 이것에 대하여는 제5장 4에서 논하겠습니다.

현재, 일본정부는 교육예산을 계속 대폭 삭감하고 있습니다. 국립대학의 수업료문제도 그렇습니다. 교직원의 급여를 줄이는 정책도 도입하고 있습니다. 예전에는 지방공립학교 교직원의 급여가 지방공무원보다 4%정도 높게 설정되어 있었습니다. 교직원은 장래의 인재를 육성하고 있다는 점에서 중요한 일로 여겨져, 상대적으로 높게 임금을 책정하는 것에 대해 사회적 합의가 있었습니다. 그러나 현재 교직원의 특별대우를 멈추려는 정책을 채택하고 있습니다. 이것은 어떤 의미로 상징적인 예입니다만 의무교육에 대한 지출삭감으로부터 시작하여 교육으로의 공적지출 삭감을 차례차례로 진행하고 있는 것입니다.

이것도 제5장의 4에서 상세히 논하겠습니다. 일본의 교육비지출이 GDP에서 점하는 비율은 세계 선진국 중에서도 최저수준입니다. 교육은 다음 세대를 육성한다는 의미에서 그 나라의 장래에 큰 영향을 끼칩니다. 또한 나라의 장래를 생각할 경우에도 높은 자질을 갖지 못한 국민이 증가하는 것과 같은 상황이 좋다고는 생각할 수 없습니다. 아이나 학생의 학력 저하가 논의되는 오늘날의 일본에서는 더욱 그럴 것입니다. 저는 교육에서의 공적 지출을 늘려야 한다고 생각합니다.

### 직업에 있어서의 기회의 평등

기회의 평등·불평등을 논할 때에 부모의 직업과 자녀의 직업과의 관계도 중요한 요소입니다. 다시 말하면 부모의 직업이 자녀의 직업에 어느 정도 영향을 준다는 것입니다. 그것을 '사회이동'이라는 말로 표현합니다. 자녀가 부모의 계층보다 상위 계층으로 갔는가, 또는 하위 계층으로 갔는가 하는 부모 자식 간의 계층이동이 '사회이동'입니다. 부모의 계층과 직업 등에 좌우되지 않고 자녀가 그보다 더 높은 지위의 직업, 높은 계층으로 옮기거나 반대로 하위 계층으로 옮겼다면, '사회이동이 크다'는 것입니다.

이 사회이동에 대하여는 사회학자인 사토 요시키가 흥미로운 데이터를 발표하고 있습니다(그림3-3). 이 그림은 부친의 주된 직업과 자식이 40세 때의 직업을 비교하여 개방성계수를 나타낸 것입니다. 개방성계수가 높으면 부자의 직업이 같지 않을 확률이 높아집니다.

이 그림에 따르면 상층 화이트칼라관리직과 전문직에 관하여 보면 부친이 그렇다면 자식도 같은 상층 화이트칼라로 취직한 가능성이 최근에 와서 높아졌습니다. 90년대 전반까지는 사회이동이 높았다고 판단할

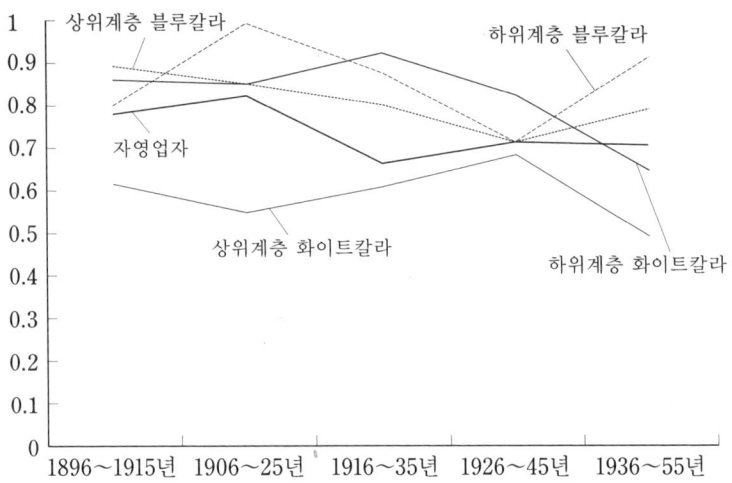

주 : 1896년~1915년은 1955년에 조사가 행해진 때에 40~59세였던 사람
1906년~1925년은 1965년 조사에서 40~59세였던 사람
1936년~1955년은 1995년 조사에서 40~59세였던 사람을 나타냄.

출처 : 사토토시키 '불평등사회 일본'

**그림3-3 출생연대별 부친의 직업 × 본인 40세의 개방성 계수**

수 있습니다. 즉 부모의 직업과는 관계없이 자식은 자신이 원하는 직업을 가질 수 있는 가능성이 높았다고 할 수 있습니다.

그러나 현대에서는 그러한 높은 사회이동의 정도가 낮아져, 부모의 직업이 자식의 직업수준을 결정하는 비율이 높아진 것을 알 수 있습니다.

### 정치가와 의사를 예로 생각하다

제가 이 문제를 생각할 때에 상징적인 두 가지의 직업을 논하는 것으로 이해가 가능할 것이라 봅니다. 그것은 정치가와 의사입니다. 정치가와 의사라는 것은 직업으로 말하자면 상층 계급에 속하는 직업이라 할 수 있을 것입니다.

현재의 국회의원에는 부모가 정치가였던 사람들, 즉 2세, 3세 의원이 상당히 많습니다. 그러나 예전의 정치가는 주로 다음 두 가지 타입이 많았습니다.

한 가지는 고급 관료 출신. 다른 한 가지는 노조 간부 출신입니다. 여기서 국회의원에 고급 관료와 노조 간부 출신이 많았다는 것에 대한 시비는 묻지 않습니다.

중앙관청의 관료나 노조의 최고 간부들의 경우 예전에는 부모의 계층과 직업의 영향을 받는 것이 적었습니다. 고급 관료들은 예전이나 현재 공히 도쿄대 졸업생이 많습니다. 그러나 앞서 말한 바와 같이 이전에는 공립고교에서 도쿄대로 들어가는 학생이 많았습니다. 그 의미는 관료가 되는 것은 본인의 노력이 담당하는 부분이 컸던 것입니다.

따라서 도쿄대에서 중앙관청으로 들어가 그 후 국회의원이 되는 길에는 부모의 직업, 계층이 주는 영향은 그다지 크지 않았다고 할 수 있습니다.

노조 간부의 경우는 자신의 선택으로 들어간 기업에서 조합 간부가 되기에, 관료보다도 더 부모의 직업이 주는 영향은 적었을 것입니다.

그러나 지금의 정치가들을 보면 그런 경우가 줄고 있다는 것을 발견하게 됩니다. 부모가 정치가이고 그 부모의 '기반'을 이어 받아 자식이 정치가가 되는 경우가 늘어나고 있습니다. 정치가가 되는 데는 부모가 정치가인 것이 유리합니다. 이런 예를 살펴보면 사회이동의 개방성이 낮아졌다는 것, 즉 계층이 고착화하고 있는 것을 알 수 있을 것입니다.

다음으로 의사에 대해 생각해 봅시다. 앞에서도 소개한 『부자연구』에서 한 조사에 따르면 의사의 40%정도가 자식도 의사라고 응답했습니다. 따라서 의사의 세계에서는 부모와 자식이 함께 의사인 경우가 적지 않다고 할 수 있습니다. 정치가의 경우와 비슷한 것이 의사의 세계에서도 일어나고 있는 것입니다.

본 장 3에서도 서술했지만 의사가 되기 위해서는 높은 학력이 필요합니다. 의대는 인기가 높아 국공립학교의 의학부에 입학하기 위해서는 힘든 수험경쟁을 이겨내야만 합니다. 그것을 위해 부모는 자식의 교육비에 상당한 지출을 해야 합니다. 더욱이 입학한 후에도 사립대학 의대의 수업료 등은 일반 가정의 경제력으로 부담할 수 없을 만큼 높아졌습니다. 이러한 사실이 증명하고 있는 것은 소득이 높은 부모가 아니면 자식을 의사로 만드는 것은 어렵다는 것입니다. 의사의 소득은 높기 때문에 부모가 의사라면 자식에게 그러한 코스를 충분히 걷게 할 수 있습니다.

뿐만 아니라, 의사는 사회적인 지위도 높은 직업입니다. 따라서 의사인 부모의 모습을 보고 자식이 의사라는 직업을 동경하는 것도 이상하지 않을 것입니다. 그리고 자식이 의사가 되는 것을 바라고 부모도 자식을 의사로 만들려고 열심히 교육을 시킬 것입니다. 이런 것 모두 부모와 자식이 함께 의사가 되는 현상을 만들어내는 데 역할을 했다고 해석합니다.

### 인센티브 디바이드 incentive divide

이상 정치가와 의사를 예로 설명했습니다. 이러한 상태를 '인센티브 디바이드'라는 개념으로 보는 것도 가능합니다. 즉 자식의 교육, 직업에 대한 부모의 의욕 정도에 따라 자식의 의욕과 희망도 어느 정도 결정되어 버린다는 것입니다. 이것은 부모의 의욕이 약하면 자식도 의욕, 희망을 가지기 어렵게 됩니다. 이렇게 의욕과 희망을 가지는 층과 갖지 못하는 층으로 괴리되는 상황을 '인센티브 디바이드'라고 하는 것입니다.

지금, 정치가와 의사를 예로 들었지만 상위 계층의 화이트칼라 부모인 경우 등에서도 동일한 현상이 일어나고 있다고 생각됩니다. 즉 부모가 화이트칼라였던 경우는 자식도 화이트칼라가 되는 경우가 적지 않은 현상입니다. 다시 말하면 상위 계층은 부모, 자식 모두 높은 의욕을 가지고 있지만 하위 계층은 부모, 자식 모두 의욕이 낮은 것입니다. 이와 같이 이미 의욕, 희망이라는 단계에서 계층이 반영되어 버리는 것은 큰 문제라고 할 수 있을 것입니다.

### 여성과 교육의 기회 평등

기회의 평등을 말할 때 여성에 대하여 주목하는 것도 중요합니다. 여성은 사회 진출이 남성보다 늦었습니다. 따라서 여성이 사회 진출을 할 때에 기회가 열려 있는지 어떤지를 생각하는 것은 그 사회의 기회의 평등·불평등을 측정함에 있어 중요한 기준이 될 수 있습니다. 본 절에서 기회의 평등·불평등을 이야기할 때에는 두 가지의 원칙이 있다고 서술했습니다. 전원 참가의 원칙과 비차별의 원칙입니다. 이 두 가지의 원칙에서 여성에 대한 기회의 평등·불평등을 생각해 봅시다.

먼저 학교교육을 살펴보겠습니다. 예전 일본 사회에서는 남자를 위주로 상급학교로 진학시키려는 풍토가 강했습니다. 그다지 풍족하지 않은 살림으로 인하여 교육비로 큰 지출을 할 수가 없었던 상황이었기 때문이었습니다. 따라서 어떤 집에서 누군가를 상급학교에 보내야 하는 경우에는 남자를 우선적으로 진학시키는 것이 일반적이었습니다. 그것은 남성이 주로 돈을 벌어오는 사람이었다는 것이 영향을 미쳤습니다. 여성을 상급학교로 진학시키는 경우에도 고교 내지는 단기대학까지만 보내는 경우가 대부분이었습니다.

과거에는 본인의 능력과 의욕에 의해 대학 진학이 가능했다는 것을 앞서 말했습니다. 하지만 이렇게 여자에게는 대학 진학의 길 자체가 닫혀 있었다는 것을 고려하면 예전에는 거의 남자에게만 평등한 기회가 주어졌고, 여자는 부모의 경제력에 의해 제약이 강했다고 하는 것이 정확한 판단일 것입니다.

그후 경제가 풍족하게 되고 남자와 여자 사이의 차별은 어느 정도 사라졌습니다. 부모의 소득이 상승했기 때문에 여자도 원하면 상급학교로 진학할 수 있는 기회가 늘었습니다. 즉 성별을 묻지 않고 본인의 능력과 의욕으로 상급학교로 진학할 수 있게 된 것입니다.

그러나 앞에서 말한 바와 같이 소득 격차가 확대되고 있는 현재, 부모의 소득이 자식의 교육에 주는 영향이 강해지고 있습니다. 고등교육, 특히 명문대학으로 진학하기에는 고소득 집안의 자녀 아니면 입학조차 어려운 시대가 되어 있습니다. 또한 이것도 이미 말한 것과 같이 교육 방면의 공적 지출이 줄어, 의무교육을 마치면 각각 집안에서 부담해야 하는 교육비가 적지 않습니다.

따라서 명문대학뿐 아니라, 자녀를 상급학교로 진학시키는 것 자체에 여유가 없는 집도 늘어날 가능성이 있습니다. 그렇게 되면 예전과 같이 여자보다는 남자를 상급학교로 보내려는 경향이 부활할 가능성마저 있음을 부정할 수 없을 것입니다.

### 여성과 취직의 기회 평등

다음으로 취직 면에서 여성의 기회 평등·불평등을 생각해 봅시다.

1970년대 정도까지는 남자는 밖에서 일하고 여자는 가정을 돌보는 것이 일반적이었습니다. 여성 스스로 전업주부를 선택하는 것도 매우 당연한 일이었습니다. 따라서 여성이 취직할 수 있는 기회는 상당히 제한되어 있었습니다. 여성이 가정의 울타리를 벗어나 기업에서 일하는 것을 바라더라도 그 희망은 웬만해서는 채워지지 않았습니다.

당시 일하려는 의사를 가진 여성은 민간기업이 아닌, 공무원이 되려고 하는 사람이 많았습니다. 공무원을 충원할 때에는 노골적인 채용상의 차별을 할 수 없습니다. 따라서 자격을 따고 공무원 시험에 합격하여 공무원 세계로 들어가려는 여성이 적지 않았습니다. 이런 현상은 1985년에 남녀고용기회균등법이 제정된 후, 줄어들었고 점차 여성에 대한 고용의 기회가 예전보다 평등해졌다고 할 수 있겠지만 아직도 완전히 평등해졌다고는 말할 수 있는 상황은 아닙니다.

### 승진에 있어서의 기회 평등

취직한 기업에서 기회의 평등·불평등에 대한 또 하나의 주제는 승진의 문제입니다. 기업은 여성을 채용할 때, 예전에 종합직과 일반직이라는 구별을 두고 있었습니다. 종합직이란 일이 힘들고 전근 등도 있는 한편, 장래의 간부로 진급할 수 있는 길이 열려 있는 직종입니다. 일반직은 전근 등이 없고 일도 보조적인 일을 맡아 승진의 길이 제한된 직종입니다. 기업은 남성을 종합직으로 고용하고 여성을 일반직으로 고용하는 것이 일반적이었습니다. 그런 면에서 보면 민간기업에서의 여성에게는 승진의 가능성이 그다지 열려 있지 않았던 것입니다.

따라서 승진의 면에서 보면 커리어 지향의 여성에게 있어서는 기회의 불평등이라고 해석할 수 있습니다.

　최근에 와서야 종합직·일반직이라는 직종 구별은 차별이라는 인식이 높아져서 기업이 노골적으로 그런 구별을 하는 것은 줄어들고 있습니다. 그러나 눈에 보이지 않는 형태의 차별은 아직도 존재합니다. 결혼, 출산 등을 계기로 여성에게 가정으로 들어가는 것을 암묵적으로 요청하거나, 그것을 이유로 승진을 거절하거나 하는 일 등입니다. 또는 전근이 가능한지 아닌지로 구별하는 차별도 아직 뿌리 깊게 남아 있는 것 같습니다.

　경제학적인 의견으로는 승진에 관한 여러 가지 해석이 가능합니다. 여성에 대한 승진에서의 차별을 '통계적 차별'이라는 말로 합리화하는 개념도 있습니다. 예전의 여성은 전업주부가 되는 사람이 많았고 일하고 있는 사람이라도 결혼과 출산을 계기로 회사를 그만두는 사람도 많았습니다. 그래서 여성 이직률이 높았다고 할 수 있습니다.

　그런 통계를 근거로 여성은 곧 퇴사하거나 이직할 사람이라고 예상했고 이것을 근거로 회사는 여성을 승진시키지 않거나 직업 훈련의 기회를 주지 않았습니다.

　기업의 이런 행태를 '통계적 차별'이라고 칭하며 회사 측의 입장이 합리적인 것이라고 정당화하고 있었습니다.

　그러나 오늘날은 커리어를 발휘하기를 바라는 여성이 적지 않습니다. 그런 여성에 대하여 '통계적 차별'을 근거로 차별적인 대우를 하는 것은 이제는 인정받을 수 없을 것입니다. 서서히 여성에게도 승진의 기회는 높아지고 있습니다.

그러나 아직도 알게 모르게 차별이 나타나고 있다고 판단됩니다. 이를 개선하기 위해서는 당분간 과장 및 부장의 몇 %는 여성으로 해야만 한다는 할당제를 도입해 강제적 승진과 채용을 여성에게 유리하게 움직이도록 하는 정책도 있을 수 있습니다. 이것을 '적극적 차별 삭감 정책'이라고 합니다. 할당제와 같은 제도가 성공하면 적극적 차별 삭감 정책은 점차 폐지할 필요가 있을 것입니다.

# 04

격자사회의 방향을 생각하다

격차를 허용할 것인가 거부할 것인가

앞 장에서는 격차가 확대되는 중에 일본 사회에 어떤 변화가 일어나고 있는지 생각해 봤습니다. 이것을 기초로 격차가 넓어지는 것을 허용할 것인가 허용하지 않을 것인가를 결정하게 될 것입니다. 이 결정은 앞으로 어떤 사회를 만들어 나갈 것인가에 대한 가치판단이나 전망에 크게 영향을 미칠 것입니다.

즉 격차가 확대되는 것을 허용하는 경우와 허용하지 않는 경우 각각 일본의 미래상도 크게 바뀌게 될 것이란 이야기입니다.

저는 개인적으로 이대로 격차가 넓어진다면 미래에 문제가 되지 않을까 생각합니다. 본 장에서는 격차가 이대로 넓어질 때 어떤 문제가 일어날지 예상되는 것을 생각해 보고자 합니다.

## 1. 격차 확대를 허용해도 되는가

### '격차의 무엇이 나쁜가'의 진의眞意

「시작하며」에서도 언급했듯이 현재 격차를 둘러싸고 여러 가지 논의가 일어나고 있습니다. 그러나 지금 일어나고 있는 논의의 새로운 점은 고이즈미 수상이 국회에서 발언한 것으로 대표되는 '격차의 무엇이 나쁜가'와 '격차가 확대되어도 괜찮지 않은가' 하는 생각이 떠오르고 있다는 것입니다. 이것은 사회의 근간에 관한 중요한 논의라고 생각합니다.

저는 한 국가의 지도자가 격차 확대를 허용하는 발언을 했다는 점에

흥미를 느낍니다. 제1장 5에서 소개했듯이 보통은 격차 확대, 불평등화의 진행을 지적하는 것은 정부를 심하게 자극하는 것입니다. 1970년대, OECD가 선진 각국 중에서 가장 불평등도가 높은 국가는 프랑스라고 지적한 것에 대해 당시 지스카르 데스탱 대통령 스스로가 항의한 예를 소개했습니다. 일본 정부 역시 '격차의 확대는 표면에 지나지 않는다'라고 주장했고 고이즈미 수상도 그 의견을 받아들여 언급하고 있었습니다. 그러나 그 후 완전히 변하여 '격차의 무엇이 나쁜가'라고 주장하기 시작했습니다.

고이즈미 수상의 발언의 본심은 과연 무엇일까요. 보통 그런 발언은 많은 사람, 특히 사회적 약자들로부터 큰 반발을 사게 됩니다. 세상에 빈곤층이 늘어난다는 것은 바람직한 것이 아니라고 생각하는 사람도 적지 않을 것입니다. 속마음은 그렇게 생각하고 있다 하더라도 나라의 지도자가 속마음을 정직하게 발언하는 것은 드문 일입니다.

고이즈미 수상은 반발을 각오하고 무리하게 그러한 발언을 한 것일까요. 아니면 국민들 사이에도 자신과 같은 생각을 가진 사람이 늘어나고 있어서 공감을 가지고 환영할 것이라고 생각한 것일까요. 즉 불황을 벗어나기 위해서는 격차가 확대되어도 어찌할 도리가 없는 것이고 국제적인 경쟁력을 가지기 위해서는 일본에 경쟁촉진책을 더 도입하여 강한 경제를 실현해야 한다고 생각하는 국민이 실제로 많이 존재할 것이라고 생각한 것일까요.

이것에 대해서는 추측하는 수밖에 없습니다. 단 한 가지 말할 수 있는 것이 있습니다. 그것은 고이즈미 수상은 경제 효율이 중요하며, 그것을 위해 불평등이 늘어나도 어쩔 수 없다는 신념을 가지고 있다는 것입니다. 따라서 국민의 반응을 어찌 예상했을까는 접어두고, 그 신념을 이야기한 것이라고 생각됩니다. 그것은 「시작하며」에서도 소개했듯이 다음과 같은 발언에도 나타나 있습니다. '성공한 자를 시샘하거나 능력 있는 자의 발목을 붙잡거나 하는 풍조를 삼가지 않으면 사회는 발전하지 않는다.'

이러한 생각은 경제학자로서 학문적으로도 진지하게 논의해야 할 문제를 제공하고 있습니다. 그것을 다음에 말씀드리겠습니다.

## 경제 효율을 위해서는 격차 확대는 피할 수 없는 것인가

경제 효율을 높이기 위해서는 빈부 격차가 확대되는 것은 피할 수 없다는 생각은 '효율성과 공평성의 트레이드오프 trade off'로 바꾸어 말할 수 있습니다. '트레이드오프'란, A와 B가 동시에 성립되는 일이 없기 때문에 어느 쪽이든 한 쪽을 우선할 때에는 다른 쪽을 희생해야만 한다는 것입니다. 따라서 효율성을 위해서는 공평성이 희생되어도 어쩔 수가 없으며 공평성을 희생하지 않으면 효율성은 높아질 수 없다는 생각입니다.

과연 효율성과 공평성 사이에는 '트레이드오프' 관계가 성립되어 있는 것일까요. 격차 확대를 인정하지 않거나 공평성을 희생하지 않으면 경제 효율을 높이는 것은 불가능한 것입니까. 경제학자로서 검증할 필요가 있다고 생각합니다.

예를 들어 유능한 사람, 열심히 하는 사람에게 높은 보수를 주는 것을 생각해 봅시다. 예전에는 유능한 사람이 높은 보수를 받아도 소득 재분배정책에 의해 고액의 세금을 부과 받았습니다. 그것이 유능한 사람의 의욕을 꺾어 경제 효율이 저하되고 사회가 활성화되지 않는다는 것이 트레이드오프의 개념입니다. 그러면 2,000만 엔의 소득을 가진 사람이 두 배의 소득인 4,000만 엔, 또는 다섯 배인 1억 엔의 소득을 벌었다고 가정합시다. 그 때 과연 경제 효율이나 노력의 정도도 거기에 비례하여 높아지는 것인지 생각할 필요가 있습니다.

저는 그렇게는 되지 않는다고 판단하고 있습니다. 이것은 '수확체감의 법칙'이라는 개념으로 설명할 수 있습니다. 어느 요소를 배로 증가시켰을 때 그것에 비례하여 거기에서 기대할 수 있는 효과도 배로 증가하는가. 세 배가 되고 네 배가 되면 어떻게 되는가. 효과도 세 배가 되고 네 배가 될 것인가. 그러나 이렇게 점점 그 요소를 높이면 높일수록 기대할 수 있는 효과는 체감한다는 것이 경제학의 견해입니다. 유능한 사람에게 높은 소득을 주더라도 거기서 얻을 수 있는 경제 효율의 효과라는 것은 어느 정도의 한계가 있을 것이라는 것입니다.

또 한 가지 다른 관점에서 봅시다. 유능한 사람이나 열심히 하는 사람이 지금 이상으로 더 높은 소득을 얻었을 때 어떠한 현상이 일어날까 하는 것을 생각해 보겠습니다.

소득이 높아지면 생활의 수준도 올라갑니다. 1억 엔의 소득을 얻고 있는 사람은 그것에 맞는 생활을 하게 될 것입니다. 그 생활을 유지하기 위해서는 높은 소비가 필요하며, 에너지 자원도 많이 사용해야만 할 것입니다. 그러나 천연자원과 에너지 자원에는 한계가 있습니다.

그것이 제한된 소수의 사람의 생활을 위해서 대량으로 소비된다는 것은 사회나 인류에게 있어서 마이너스일수도 있습니다.

이렇게 보면 공평성을 희생하는 것이 반드시 효율성을 높이는 것이라고는 할 수 없습니다. 저는 오히려 효율성과 공평성을 양립시키는 것은 가능하다고 생각합니다. 이것에 대해서는 제5장 1에서 상세히 서술하겠습니다.

## 2. 빈곤층의 증대가 부르는 모순

### 빈곤층의 증대는 사회에도 마이너스

지금까지 빈곤층이나 사회적 약자가 늘어난 것에 대해 상세히 서술해 왔습니다. 자신이 빈곤층이나 약자가 되는 것을 바라는 사람은 없을 것입니다. 개인이 빈곤층이나 약자가 되는 것은 바람직하지 않은 것입니다. 그러나 빈곤층과 약자가 늘어난 것은 그러한 개인적인 수준을 넘어 사회에도 큰 문제를 일으킵니다. 구체적으로 어떤 문제가 발생하는 것인지에 대해서 설명하겠습니다.

첫 번째로 경제 효율의 문제입니다. 경제 효율을 위해서는 격차 확대는 피할 수 없다는 주장의 문제점에 대해 앞에서 언급했습니다. 이것은 빈곤층과 약자 측에서도 설명할 수 있습니다. 너무 낮은 임금을 받는 근로자가 늘어나면 그들은 근로의욕을 잃게 될 것입니다. 그렇게 되면 일해도 소용없다는 생각이 확대될 것이고 결국에는 일본경제의 활성화에도 부정적인 영향을 미치게 될 것입니다.

두 번째로 빈곤층이 실업자들이라면 그 사람은 일하고 있지 않은 것을 의미하고 있습니다. 일하고 있지 않다는 것은 인재를 효과적으로 사용하고 있지 않다는 뜻이며 인적자원을 낭비하고 있다고 할 수 있습니다. 즉 자원의 손실이라는 것입니다.

세 번째로 범죄가 증가할 가능성에 대한 걱정입니다. 빈곤층과 약자는 사회에서 소외되고 있다는 열등감을 가진 경우가 많습니다. 불행하게도 승자를 미워하거나 고소득자를 질투하고 있을지도 모릅니다. 그 결과, 범죄로 손을 더럽히는 사람도 나올 것입니다. 빈곤층과 약자가 증가하는 것은 범죄의 가능성을 증가시키고 사회를 불안정하게 하는 요인이 된다고 할 수 있습니다.

네 번째로 빈곤층과 약자가 증가하는 것은 사회의 부담을 키우는 모순이 생기게 됩니다. 빈곤으로 인해 생활이 어려운 사람에 대해 공적인 경제 원조를 해야 할 필요가 있습니다. 따라서 빈곤층이 늘면 그만큼 경제 원조에 대한 부담이 자동적으로 늘게 된다는 것입니다.

예를 들어 격차가 확대되고 생활 보호를 받아야만 하는 사람이 늘었다고 합시다. 생활 보호를 위한 재원은 국민의 세금에서 나옵니다. 지자체 중에는 이미 생활 보호의 재원 확보가 힘든 곳도 나오고 있습니다. 따라서 국민에게 세금 부담을 가중시키지 않기 위해서라도 빈곤층의 수는 억제하는 것이 바람직하다고 생각합니다.

다섯 번째로 윤리적인 문제입니다. 호화저택에 살면서 화려한 소비를 즐기는 부자와 초라한 집에 살면서 하루하루의 양식에 고민하는 빈곤층이 동시에 존재하는 상태가 과연 인간적인 것이냐고 묻고 싶습니다. 그렇게 되면 강자가 약자를 멸시하는 일도 있을 것입니다. 어릴 때부터 승자와 패자가 고정되어 버리면 그것이 이지메로도 이어질지도 모르는 일입니다. 그런 아이들이 어른이 되면 이지메가 사회적으로 정착할 우려도 있다고 봅니다.

물론 어느 사회에나 어느 정도 고소득자와 저소득자가 함께 존재하며, 경제 효율을 유지하기 위해서도 어느 정도의 격차는 허락됩니다. 그러나 그것이 심해지면, 지금 서술한 것과 같은 상태가 일어나게 될 텐데 그것까지 과연 허락해야 하는지 저는 큰 의문을 가집니다.

### 미국사회에서의 범죄와 재해의 리스크

격차사회의 대표가 미국인 것에 대해서는 의심의 여지가 없을 것입니다. 격차를 배경으로 미국 사회에서 일어나는 상황을 미리 생각해 보는 것은 일본의 미래를 예측한다는 입장에서 좋은 참고가 될 것입니다.

미국에서는 '게이티드타운gated town'이라는 것이 등장하고 있습니다. 부유층이 자신들이 사는 커뮤니티를 실제로 벽으로 둘러싸고 그 커뮤니티 밖의 사람을 입장시킬 때에는 입구에서 엄격하게 체크를 합니다. 이러한 부유층만의 마을을 '게이티드타운'이라 부릅니다. 한편, 미국에서는 빈곤층은 옛날부터 '게토ghetto'라 불리는 가난하고 초라한 집이 모인 장소에 살고 있습니다. 이와 같이 살고 있는 장소부터 양극화되어 있는 것입니다.

왜 게이티드타운이 생겼을까요? 1970년대 후반부터 80년대에 걸쳐 미국은 범죄율이 급증하여 사회 불안이 높아졌습니다. 거기에는 70년대 후반부터 80년대에 빈부 격차가 증대한 것도 일조를 했습니다. 부유층은 그런 범죄를 두려워합니다. 앞에서 말한 것처럼 패자의 열등감이 승자들을 향한 증오와 원망으로 발전하면서 범죄를 낳을 위험성이 높아지게 되었습니다. 그래서 부유층은 범죄를 두려워하고 불안 요소를 제거하기 위해서 부유층만이 모여 벽으로 둘러싸인 커뮤니티를 만들고 그것으로 보안을 확보하려고 한 것입니다. 하지만 완벽한 보안이라는 것은 존재하지 않습니다. 따라서 부유층은 항상 불안과 함께 살고 있는 것이 됩니다. 즉 빈부 격차가 커지는 것은 범죄의 위험성과 이웃하게 된다는 측면도 가지고 있습니다.

원래 미국은 복잡한 인종 문제를 가지고 있습니다. 이 문제 역시 범죄율의 증가와 관계있는 것은 부정할 수 없습니다. 그러나 그 외에도 빈부 격차가 커지는 것이 사회 불안을 증대시키고 있다는 것에 대해 전문가들은 의견의 일치를 보이고 있습니다.

사실 일본에서도 아직 뚜렷이 드러나지는 않지만 미국과 닮은 게이티드타운이 보입니다. '롯본기힐즈'로 대표되는 큰 부자들이 사는 맨션이 그것입니다. 여기서는 입구에서부터 출입이 엄중히 통제되고 있는 것으로 유명합니다. 일본판 게이티드타운이라 불러도 좋을 것 같기도 합니다.

한 가지 더 빈부 격차와 사회 문제의 예를 들어보겠습니다. 2005년 8월, 허리케인 카트리나가 미국의 뉴올리언스 지역을 덮쳤던 때의 일입니다. 백인을 중심으로 한 부유층은 교외로 신속히 대피했지만 중심에 살고 있던 흑인을 중심으로 한 빈곤층은 대피하지 못해 엄청난 사망자가 발생했습니다. 부유층은 자동차를 비롯한 개인 소유의 이동수단으로 대피했지만 빈곤층은 이동수단이 여의치 않아 자력으로 대피할 수가 없었기 때문입니다. 이 사실을 통해 자연재해가 발생했을 때 빈부 격차의 문제가 생명을 위협하는 것으로까지 발전할 수 있다는 것을 알 수 있습니다.

이런 사회를 일본 국민이 바라는 것은 아니라고 생각합니다. 적어도 저는 사는 곳마저 현저하게 양극화되어 자연재해에 대한 최소한의 대응조차도 확보되지 않은 사회가 살기 좋은 사회라고는 생각하지 않습니다.

### 건강 격차라는 새로운 문제

미국에서는 '건강 격차'라고 하는 새로운 문제가 보고되고 있습니다. 빈곤층은 단명하고 부자는 장수하는 것이 여러 가지 통계에서 나타나 있는 것입니다.

빈곤층은 하루하루를 살아가는 것이 고작이고 식사의 안전성을 확보하지 못해 자신의 건강에 신경을 쓸 수 없습니다. 그러나 부자는 건강에 좋은 식사를 하고 문화적으로도 쾌적한 생활을 합니다.

받을 수 있는 의료의 수준에서도 빈곤자와 부유층간에는 큰 차이가 있습니다. 미국에서는 상당히 가난한 사람이나 고령자 등 특별한 예를 제외하고는 일반인에게 적용되는 공적인 의료보험제도는 존재하지 않습니다. 일본과 같은 '전국민보험제도'가 아닙니다. 풍족하고 자금의 여유가 있는 사람은 민간의료보험회사가 제공하는 고액이며 내용면에서도 충실한 의료보험제도에 가입합니다. 민간의료보험으로 양질의 치료를 받을 수 있습니다. 그러나 가난한 사람은 민간의료보험에 가입할 수 없습니다. 따라서 병이 들어도 치료비를 낼 수 없어 만족스러운 치료를 받을 수 없습니다. 이런 미국의 보험제도 시스템이 '건강격차'의 배경에 있습니다.

미국은 자기책임 사회입니다. 따라서 이런 사태를 문제로 생각하는 지식인들은 별로 없습니다. 예전에 힐러리 클린턴이 남편인 클린턴 대통령 시대에 전국민보험제도를 염두에 둔 의료보험개혁을 제창한 일이 있습니다. 그러나 그것에 찬성하는 사람들은 적었고 결국 성공하지 못했습니다.

이러한 미국의 건강 격차라는 현상을 어떻게 생각해야 할까요. 현재 격차가 확대되고 세이프티 넷을 계속해서 줄이고 있는 일본에서도 같은 문제가 일어날 가능성을 배제할 수 없을 것입니다. 제5장에서 서술했듯이 실제로 일본에서도 비슷한 일이 발생하고 있습니다. 일부의 가난한 사람들이 국민건강보험료를 내지 못하고, 그로 인해 병원에 갈 수 없어 치료를 받지 못하는 사례가 나타나고 있습니다. 이런 것은 도저히 인간적으로 바람직한 사회라고 할 수 없을 것입니다. 저는 이것에 대해 큰 문제라고 느낍니다.

## 3. 니트족[9]과 프리터[10]

### 니트족 현상

제2장 2에서 비정규직의 증가도 격차 확대의 요인임을 설명했습니다. 또한 제3장 2에서는 저소득근로자의 실태를 고찰했습니다. 비정규직 중에서 청년에게 많은 것이 프리터와 니트족입니다.

특히 최근 수년간에 주목받게 된 것이 니트족입니다. 니트족이란, 영국에서 사용되던 개념 Not in Employment, Education or Training을 일본에 수입한 것입니다. 학교에도 가지 않고 취직도 하지 않은 청년을 가리킵니다.「노동백서」에서도 2004년도부터 '청년층 무직자'로 분류하고 있습니다.

여기서 니트족의 수의 변화를 살펴보겠습니다. 그림4-1은 니트족을 '무직에 학업도 가사일도 하지 않고 구직활동도 하지 않는 15~34세의 젊은이'라고 정의하고 그 수를 추정한 것입니다. 그것에 따르면 1993년에 40만 명대였던 니트족이 놀랍게도 2002년에는 60만 명을 넘고 있습니다. 단 10년만에 20만 명이나 증가한 것입니다.

그림4-1에서는 다음과 같은 것도 살펴볼 수 있습니다. 첫 번째로 니트족이란 말이 등장하기 10여 년 전부터 무직청년이 상당수 존재하

---

[9] 니트족 (NEET : Not in Employment, Education or Training) : 학생도 아니고 직장인도 아니며 직업 훈련을 받지도 않고 구직활동을 하지도 않는 사람들

[10] 프리터(freeter) : free와 arbeiter를 합성한 조어, 평생 정규직을 갖지 않고 살아가는 '파트타이머를 뜻한다.

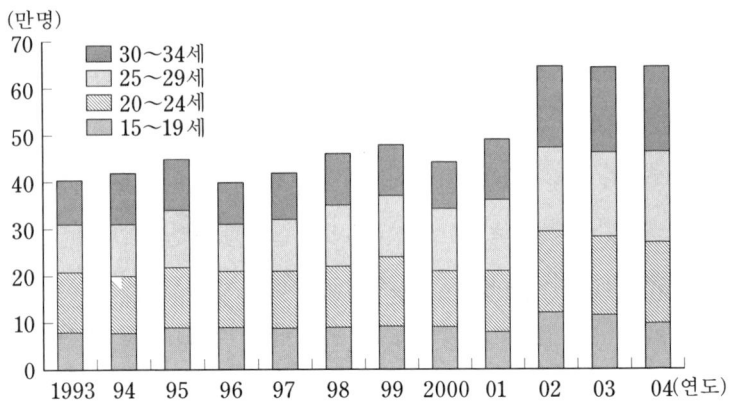

출처 : 총무성 '노동력 조사'
그림4-1 연령별 니트족의 변화

고 있었다는 것입니다. 그런 청년이 점점 늘어나면서 사회의 한 구성원을 이루게 되었고 그 결과로 최근 사회 문제로 많은 사람이 인식하게 된 것이라 할 수 있을 것입니다.

두 번째로 니트족은 무직 청년을 나타내는 말이지만 2000년대에 들어 30세 전후의 장년 니트족도 늘고 있습니다. 그림4-1의 2002년의 수치를 보면 니트족의 50% 이상이 25~34세라는 실태를 읽을 수 있습니다. 학교를 졸업하고 니트족이 되어 아무리 노력해도 니트족으로부터 탈출하지 못한 채 나이가 들어버린 사람들이 늘어난 것을 나타내고 있습니다.

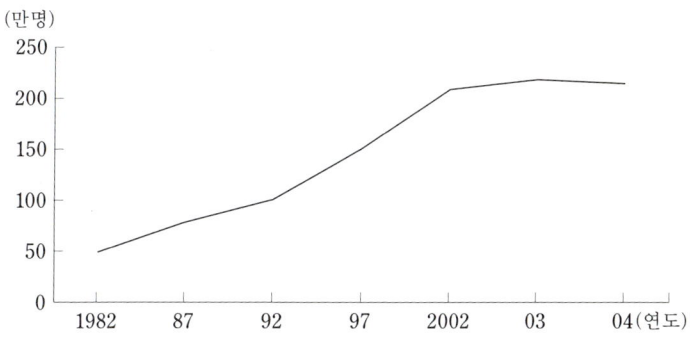

출처 : 후생노동성 '노동경제의 분석'
그림4-1 프리터의 변화

## 200만 명을 넘은 프리터

다음으로 프리터에 대하여 생각해 보겠습니다. 프리터 수의 변화를 보면(그림4-2), 1982년은 50만 명이었습니다. 그것이 2000년대에 들어 200만 명을 넘어서고 있습니다. 최근 20년 정도에 4배 이상이나 늘어난 것입니다.

그림4-2는 후생노동성의 수치인데, 정부 조사에서는 2002년의 수치에서 놀랍게도 417만 명이었습니다. 이미 400만 명을 넘은 것입니다. 이것은 정의의 차에 따른 것입니다. 정부도 후생노동성도 니트족의 대상인 15~34세의 사람을 대상으로 하고 있는데 후생노동성의 경우에는 스스로 희망하여 정직원이 되지 않은 사람을 프리터로 정의하고 있습니다. 한편 정부의 경우, 단순히 정사원이 아닌 사람을 대상으

표4-1 학력별 프리터구성비(%)

| 구분 | 남성 | | | | | 여성 | | | | |
|---|---|---|---|---|---|---|---|---|---|---|
| 연도 | 1982년 | 1987년 | 1992년 | 1997년 | 2001년 | 1982년 | 1987년 | 1992년 | 1997년 | 2001년 |
| 초, 중학교 | 29.1 | 25.5 | 25.6 | 21.1 | 71.3 | 13.2 | 14.7 | 14.7 | 9.4 | 65.0 |
| 고교, (구)중 | 53.7 | 58.4 | 58.2 | 56.2 | | 51.8 | 55.2 | 54.9 | 53.2 | |
| 단기대<br>고등전문학교 | 5.0 | 6.1 | 7.4 | 10.1 | 16.3 | 25.6 | 22.3 | 23.2 | 28.8 | 26.8 |
| 대학, 대학원 | 12.2 | 10.0 | 8.8 | 12.5 | 12.5 | 9.3 | 7.8 | 7.1 | 8.4 | 8.0 |
| 무회신 | 0.0 | 0.0 | 0.0 | 0.1 | | 0.0 | 0.0 | 0.0 | 0.1 | |

출처: 코스기레이코, 호리유키에 '청년 노동시장의 변화와 프리터' 코스기레이코편저 '자유의 대가 프리터'

로 하고 있어 거기에는 가사를 돕고 있거나 구직중인 청년 등도 포함하고 있습니다. 따라서 넓은 의미로 말할 때는 정부의 수치를 보고 좁은 의미로는 후생노동성의 수치를 살피면 될 것입니다.

### 어쩔 수 없이 프리터로

그러면 어떤 사람이 프리터가 되는 것일까요. 먼저 학력별로 구성비를 나타낸 표 4-1을 보면 중졸이나 고졸자가 남성 71.3%, 여성 65.0%2001년로 압도적으로 많은 것을 볼 수 있습니다. 대졸인 프리터도 남성 12.5%, 여성 8.0% 정도 되지만 상대적으로 학력이 낮은 사람들 쪽이 프리터가 될 가능성이 높은 것을 알 수 있습니다.

프리터를 구분한다면 자진해서 프리터를 바라는 사람과 어쩔 수 없이 프리터가 된 사람으로 나눌 수 있을 것입니다. 전자의 경우는 자신이 원하는 시간에 일을 하고 다른 시간은 자신이 좋아하는 것을 하고

자 하는 사람으로 프리터를 긍정적으로 평가하는 견해입니다. 음악가를 지망하는 청년이 아르바이트로 돈을 벌고, 일하지 않는 시간은 음악 활동이나 연습에 열중하는 경우가 여기에 해당합니다. 말하자면 '꿈을 좇는 자'라고 할 수 있습니다. 자신이 좋아하는 것을 하기 위해서 생활할 수 있을 만큼만 아르바이트로 소득을 얻으려고 하는 경우입니다.

원래 프리터라는 말이 주목받던 때는 이 꿈을 좇는 자로 분류되는 경우가 많았지만 현재는 어쩔 수 없이 프리터가 된 경우도 많아졌습니다. 제5장 2에서 상세하게 설명할 텐데 프리터의 대다수는 사실 정사원을 희망하고 있습니다.

제2장 2에서 말한 것처럼 현재의 일본 사회에서는 한 번 프리터가 되면 나중에 정규직으로 전환하기는 결코 쉽지 않습니다. 지금 일본의 경기가 회복과정에 있지만 그래도 기업은 프리터를 적극적으로 정규직으로 전환하려는 노력은 하지 않고 있다고 설명했습니다. 기업은 새로운 채용을 할 때 바로 졸업한 사람이나 '제2의 졸업생'이라 불리는 전직 희망자를 정규직으로 뽑으려고 합니다. 앞에서 말한 것처럼 프리터 등의 시간제 근로자나 비정규직은 노동 비용을 낮추는 효과도 있습니다. 또 프리터로 사회생활을 시작한 사람들은 근로 의욕이 낮고 일의 숙련도도 낮은 사람으로 보는 경향이 있습니다. 이런 이유들은 프리터를 정규직으로 채용할 필요를 느끼지 못하게 합니다.

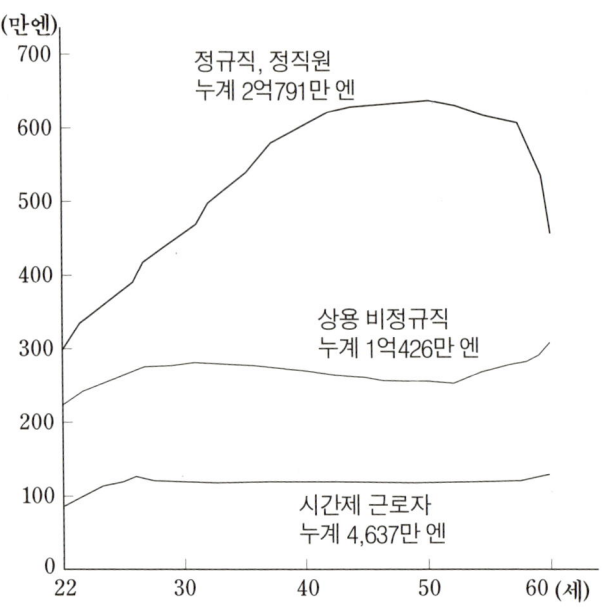

출처 : 후생노동성 '임금구조기본조사'
그림4-3 정규직, 비정규직, 시간제 근로자의 임금비교

## 프리터로 계속 살아갈 때의 소득

청년이 프리터를 탈피하지 못할 경우에 문제가 되는 것은 소득입니다. 그림 4-3은 정규직으로 계속 일을 한 경우와 시간제 근로자나 상용의 비정규직으로 계속 일을 한 경우 22세부터 시작해서 얼마까지 소득을 얻을 수 있을지를 예상해 본 것입니다. 여기서 상용의 비정규

직이 프리터의 개념에 가까울 것입니다. 그림에 따르면 먼저 시간제 근로를 계속한 사람이 평생 벌 수 있는 소득은 4,637만 엔. 상용의 비정규직이 1억426만 엔. 정규직이 2억791만 엔이라는 결과가 나왔습니다. 즉 프리터를 상용의 비정규직이라고 한다면 정규직이 버는 소득의 절반밖에 벌 수 없다는 것을 알 수 있습니다. 평생 이런 소득 격차가 생긴다는 것을 받아들이기는 어려워 보입니다.

### 프리터와 니트족의 전망

제3장의 1에서 소개한 것처럼 프리터의 평균 연 소득은 140만 엔입니다. 즉 많은 프리터가 최저 생계비 정도의 소득밖에 없다는 것입니다. 이런 상황이 계속되면 결국 생활은 불가능하게 되어 향후 가정을 이루고 아이를 가지는 보통의 삶도 꿈꾸지 못하게 될 것입니다.

니트족의 상황은 더 안 좋습니다. 그들은 일하고 있지도 않고 소득도 없기 때문입니다. 많은 경우 부모의 경제적 지원에 기대고 있지만 그것이 영원히 지속될 수는 없는 것입니다. 부모가 건강할 때까지만 가능할 뿐입니다. 부모가 병이 들거나 사망하면 그들은 한순간에 빈곤층으로 전락해 버립니다. 그럴 위험성이 있는 사람이 현재 60만 명 이상이나 있다는 것입니다.

프리터도 니트족도 어떤 대책을 세우지 않으면 계속해서 예비 빈곤자를 양산해 내게 되어 심각한 사태를 불러올 것이 뻔합니다. 이 대책에 대해서는 제5장 2에서 설명하겠습니다.

## 4. 계층의 고착화와 인적 자원의 위기

### 격차 확대와 계층의 고착화

제3장 5에서 기회의 불평등화가 진행되고 있다고 말씀드렸습니다. 그중에서도 부모의 소득과 계층, 직업 등은 자녀의 교육 수준 등에 영향을 주고 나아가 자녀의 계층과 직업을 결정짓는 현상이 늘어나고 있는 것을 살펴봤습니다. 그러면 전체적인 일본의 미래를 내다보면서 이런 현상에 의해 어떤 문제가 일어날 수 있는지 생각해 보겠습니다.

격차 확대를 인정하는 개념은 경쟁을 활성화시켜 경제 효율을 높여야 하는 필요성과 맞물려 있습니다. 그러나 격차가 계속 확대되어 불평등화가 진행되면 결국은 부모의 계층을 자녀가 물려받게 되는 고착화를 향할 염려가 있습니다. 그렇게 되면 본래 목표로 했던 경쟁의 활성화는 반대로 억제되어 버린다는 모순을 낳게 됩니다.

### 정치가 아들과 프로야구선수 아들

계층의 고착화 문제에 대하여 알기 쉽게 설명해 보겠습니다. 제3장 5에서 서술한 바와 같이 현재 정치가의 상당수가 2세, 3세 의원들입니다. 대표적인 예를 고이즈미 수상의 뒤를 잇는 자민당의 총재 선거에서 볼 수 있습니다. '아사가키코조타로'라고 불리며 2006년 6월 신임 총재 후보에 올랐던 5인의 정치가 아소 다로, 다니가키 사다카즈, 후쿠다 야스오, 아베 신조, 고노 타로는 부모 또는 조부가 국회의원입니다. 부모가 정치가에 자식도 정치가라는 것은 계층 고착화의 전형적인 사례입니다.

이번에는 정치가와는 전혀 다른 직업의 예를 하나 들어 보겠습니다. 바로 프로야구선수입니다. 프로야구의 세계에도 많지는 않지만 아버지가 프로야구선수에 아들도 프로야구선수인 예가 꽤 있습니다. 대표적으로는 요미우리 자이언츠의 감독을 맡았던 나가시마 시게오와 난카이와 야쿠르트, 한신 그리고 현재는 라쿠텐의 감독을 맡고 있는 노무라 카츠야가 있습니다. 그들의 아들은 모두 프로야구선수가 되었습니다.

이들이 드래프트에서 지명될 때 예전의 명선수의 아들이 프로야구선수가 된다는 것으로 인해 국민들 사이에서도 화젯거리가 되었습니다. 구단 관계자들에게도 유명한 아버지를 둔 아들이라는 점이 지명할 때 영향을 미쳤을 것입니다.

이런 점을 생각하면 그들은 부모의 공적에 의해 다른 선수보다도 기회가 더 주어졌고 프로야구선수가 되는 데 있어서 유리한 위치를 가졌다고 할 수 있습니다. 이것도 계층 고착화의 한 가지 예로 생각해 볼 수 있습니다.

## 정치가는 간단히 능력을 측정할 수 없다

이렇게 정치가와 프로야구선수를 계층의 고착화에 대해 알기 쉽게 설명하는 예로 들었지만 이 두 가지에는 확연한 차이가 있습니다. 프로야구선수가 된 나가시마 카즈시게와 노무라 카츠노리는 부친만큼의 야구선수로서의 능력은 갖추지 못했습니다. 결국 주목은 받았지만 그다지 눈에 띄는 활약은 하지 못했습니다. 나가시마 카즈시게는 야구를 그만두고 배우가 되었고 노무라 카츠노리는 현재 부친이 감독을 맡고 있는 라쿠텐의 선수로 소속되어 있지만 주목해서 볼 만한 선수는 아닙니다. 이와 같이 야구선수의 경우에는 부모의 지위가 첫 단계에서 자식에게 유리하게 작용했다 하더라도 그 후의 아들의 지위는 본인의 능력과 노력에 따른다고 할 수 있습니다. 야구 실력이 우수한지 어떤지는 눈에 보이는 형태로 확실히 판단 할 수 있기 때문입니다.

그런데 정치가는 좀 다릅니다. 부모가 정치가라면 자식이 정치가가 되기에는 확실히 유리합니다. 부모의 후원자, 인맥, 기반 등을 이어 받아 자식이 정치가가 되는 경우는 드물지 않습니다. 하지만 야구선수의 경우와 같이 부모가 우수한 정치가이더라도 자식이 반드시 우수한 정치가라고는 할 수 없습니다. 그럼에도 불구하고 야구선수와는 다르게 정치적인 능력을 판단하는 것은 어렵습니다. 따라서 프로야구선수의 아들의 경우와 같이 자연히 도태되는 일은 없습니다.

## 계층의 고착화를 어떻게 생각해야 하는가

지금 알기 쉬운 예로 설명했듯이 이것이 계층의 고착화에 대한 우려입니다. 지위, 직업 등에 적합하지 않은 사람이 부모의 힘을 배경으로 지위와 직업을 얻게 되는 것인데 그것이 어떻게 경쟁의 활성화로 이어지는 것일 수 있겠습니까. 정치가가 적성에 맞지 않는 사람이 정치가가 되고 정치가에 적합한 사람에게는 기회조차 주어지지 않는다면 이것은 사회적으로 분명히 좋다고 할 수 없는 일입니다. 더군다나 정치가의 경우에는 그 위험이 더 큽니다. 부모가 정치가라는 이유만으로 무능한 정치가가 탄생하여 만에 하나 그 사람이 지도적인 지위의 정치가가 되었다면 국민에게 위기의 상황마저 일으킬 가능성도 있습니다. 인적 자원의 활용이라는 점에서도 긍정적이지 못한 효과를 낳게 될 것입니다.

이미 제3장의 그림 3-3에서 많은 직업이 이런 계층 고착화를 보이고 있는 것을 나타내었습니다. 크든 작든, 직업의 여러 분야에서 인재의 최적 분배가 이루어지지 않았을 가능성이 있다고 할 수 있습니다.

## 영국이라는 계층 사회

여기서 시점을 외국으로 돌려봅시다. 물론 외국에는 계층 사회가 구체화된 나라도 있습니다. 유럽에서도 영국, 프랑스 등은 계층 사회의 대표일 것입니다. 부모가 귀족이면 자식도 귀족, 부모가 고소득자면 자식도 고소득자, 부모가 화이트칼라면 자식도 화이트칼라, 부모가 블루칼라면 자식도 블루칼라 이와 같이 계층이 고착화되어 세대를 넘어 계속되고 있는 것이 영국 사회입니다.

저는 젊은 시절 1980년경, 영국에 유학했던 적이 있습니다. 그때 '워킹 클래스 working class' [11]라는 말을 여러 곳에서 일상다반사로 들었습니다. 그리고 사람을 판단할 때 그 사람의 계급을 화제로 하는 대화를 일상생활 중에 듣고 충격을 받았습니다. 즉 영국의 경우는 계급이 엄연

---

11) 워킹 클래스(working class) : 워킹 클래스-근로자 계급, 미들 클래스-중산층, 어퍼 클래스-왕족, 조상이 대대로 귀족인 사람들

하게 존재하며 일상생활에 침투되어 있어, 사람을 볼 때 큰 요소입니다.

계급 간에 사용하는 말도 다릅니다. 같은 영어라도 블레어 수상과 같은 엘리트는 소위 옥스브릿지옥스퍼드대학교와 캠브리지대학을 일컬음의 아름다운 영어를 사용합니다. 한편 유명 축구선수인 베컴은 전형적인 워킹 클래스의 영어를 사용하고 있습니다. 저와 같은 외국인도 블레어 수상과 베컴 선수가 사용하는 영어의 차이 정도는 알 수 있습니다. 이렇게 계층, 계급이 사회에 뿌리 깊게 박혀 있는 것입니다. 하지만 베컴 선수는 사용하는 영어가 아름답지 않더라도 본인의 능력과 노력으로 축구선수로 성공하여 고액의 소득과 자산을 얻었으므로 오히려 성공한 사람으로 평가해야 한다는 주장도 있을 것입니다.

이러한 계층 사회를 어떻게 생각해야 할까요. 개인적으로는 계층이 고착화되고 본인의 의사와 능력이 반영되지 않는 사회는 그다지 바람직한 모습은 아니라고 생각합니다. 단 이것은 가치관의 문제이기도 합니다. 일본 사회는 현재 그런 계층 고착화를 향하고 있습니다. 이대로 격차를 확대시켜서 일본을 계층 고착화 사회로 유도할 것인가 아니면 계층 고착화를 완화시키기 위해서 격차 문제를 개선해야 하는가. 국가의 장래가 걸린 큰 문제입니다.

## 5. 격차를 어디까지 인정하는가

### 격차는 반드시 존재한다

격차가 계속 확대될 때 예상되는 문제점들을 지금까지 논해 왔습니다. 본 장의 마지막에 격차를 원리적으로 생각해보고 어떤 사회가 바람직한 것인지 논하고자 합니다.

어느 세계에서도 격차는 존재한다는 것이 사실입니다. 그런 면에서 고이즈미 수상의 '격차는 어느 사회에서도 존재한다.'는 발언은 백퍼센트 옳다고 판단됩니다. 격차가 없는 사회는 세상에 존재하지 않습니다. 세상에는 유능한 사람과 그렇지 않는 사람이 존재하며 사람 간에는 능력의 격차가 반드시 생깁니다. 또한, 열심히 노력하는 사람과 게으름 피우는 사람, 건강한 사람과 태어나면서부터 장애를 가지고 있는 사람 등 능력, 성격, 건강에 이르기까지 여러 격차가 세상에 존재하고 있습니다. 하지만 격차를 백퍼센트 인정해야 하고 모든 것이 자기 책임이라고는 생각하지 않습니다. 따라서 어디까지 격차를 인정하는가 하는 것이 문제입니다. 그러나 이것은 개인의 생각과 가치판단이 크게 작용합니다.

### 격차에 대한 두 가지 개념

격차를 어디까지 허용하면 좋을까. 이 질문에 대해서 두 가지의 개념이 있습니다. 하나는 격차의 상위 계층과 하위 계층의 차이에 주목하는 개념입니다. 상위 계층과 하위 계층의 차이를 어디까지 줄이면 좋을까 또는 줄일 필요가 없는 것인가를 생각하는 것입니다. 이 경우 상위 계층과 하위 계층의 차이를 보는 것이므로 당연히 빈곤층이 존재한다는 것을 인정하는 것입니다. 다른 하나는 하위 계층 전원이 빈곤에서 벗어나려면 어떻게 하면 좋을까를 생각하는 개념입니다. 상위 계층과 하위 계층의 차이의 존재를 인정하면서 빈곤층이 없는 세계를 염두에 두는 것입니다.

제 입장은 후자를 지지하는 쪽입니다. 왜냐하면, 이미 서술한 대로 격차로 인해 빈곤층이 증가하는 것에 큰 문제가 있다고 보기 때문입니다.

### 유능한 사람이 대우받는 사회

한편, 전자의 개념에는 격차를 줄이는 것에 중점을 두지 않는 것도 있습니다. 예를 들면 유능한 사람, 열심히 하는 사람이 대우받는 사회가 좋다는 주장 같은 것입니다. 물론 이것은 저도 찬성입니다. 유능한 사람이나 열심히 일하는 사람이 의욕을 가질 수 있도록 하는 것은 문화와 기술, 경제의 발전에 공헌하는 것으로 연결될 것입니다. 따라서 그런 사람들이 의욕을 잃지 않도록 대우할 필요가 있다고 생각합니다.

여기서 유능한 사람과 열심히 하는 사람이 보상을 받아야 한다는 생각이 강한 나라인 미국을 예로 생각해 봅시다. 미국이라는 나라는 자립심을 존중하고 위험을 두려워하지 않으며, 경쟁을 한없이 사랑하고, 노력하는 사람에게 보답하는 정신이 강한 국가입니다. 미국에서는 기업 대표의 소득이 막대한 것이 이상한 일이 아닙니다. 극심한 경쟁을 이겨내고 성공을 이룬 사장의 연봉은 일반 사원의 100배를 넘습니다. 일본의 경우는 대기업 사장의 소득이라고 해봐야 일반 사원의 10배 전후이므로 미국의 격차는 실로 엄청나다고 할 수 있습니다. 유능한 사람, 열심히 하는 사람에게는 높은 보수로 보상해주는 전형적인 예입니다.

하지만 여기서 중요한 논점이 나오게 됩니다. 미국에서는 철저하게 경쟁을 추구하는데 경쟁에는 반드시 승자와 패자가 존재합니다. 그 패자를 어떻게 취급해야 하는가가 문제입니다.

그리고 또 중요한 한 가지는 경쟁은 기회의 평등에 의해 전원이 참가할 수 있어야 한다는 개념을 소개했습니다. 하지만 세상에는 애당초 기회의 평등이 주어지지 않은 사람도 많습니다. 예를 들어 병약한 사람, 신체적으로 장애를 가지고 있는 사람 등 처음부터 경쟁에 참가할 수 없는 사람도 있다는 것을 잊어서는 안 됩니다.

이러한 논점을 근거로 어디까지 격차를 인정하는가 하는 것은 국민의 판단에 맡겨지게 됩니다. 따라서 격차의 모습을 둘러싸고 그것을 선거의 큰 테마로 묻는 방법도 생각할 수 있습니다. 예를 들어 영국에서는 보수당과 사회민주세력인 노동당의 양당이 존재하고 있습니다. 보수당은 격차가 확대되어도 괜찮다고 생각하며, 노동당은 격차는 가능한 작아야 한다고 생각합니다. 국민은 선거 때마다 보수당을 선택했다가, 노동당을 선택했다가 하고 있습니다. 어떤 의미로 보면 격차도 포함된 정책이 선거에서 평가받게 된다고도 할 수 있습니다.

### 격차와 기업의 생산성

경제학자로서 저는 다음과 같은 것에 관심을 가집니다. 미국의 사장은 일반 사원의 소득의 100배 이상이라고 했습니다. 영국도 그에 못지않은 수준이지만 그 외의 나라에서는 그런 격차는 드문 경우입니다. 사장과 일반 사원의 소득 격차가 10배인 회사와 100배인 회사가 있다고 가정했을 때, 100배의 차이가 있는 기업과 10배의 차이가 있는 기업 중 어느 쪽의 생산성이 높은가 하는 것을 생각해볼 필요가 있습니다. 이것을 실증하는 것은 불가능하지 않을 것입니다.

한 가지 예를 들어보겠습니다.

미국의 크라이슬러사와 독일의 다임러 벤츠Daimler-Benz사가 1998년에 합병하여 다임러–크라이슬러사가 탄생했습니다. 양사가 합병할 때에 사장의 소득을 어떻게 할지에 대한 논의가 있었습니다. 독일은 미국과 달리 일반 사원과 사장의 소득 격차가 그렇게 크지 않습니다. 당시는 독일의 자동차 업계가 강했고, 미국의 자동차 업계가 쇠퇴하고 있었습니다. 그렇기에 결국은 다임러–벤츠사가 미국의 사장의 소득이 너무 높다고 비판하여 독일의 사장 소득 수준에 맞추려 했습니다. 이것은 격차를 둘러싼 기업의 선택을 시험하는 한 예이기도 했습니다.

경제 효율과 생산성의 면에서 볼 때, 100배가 좋을지 10배가 좋을지는 경제학적으로도 실증 가능한 문제라고 생각합니다. 같은 자동차 업계의 예를 들자면, 오늘날 도요타는 세계 제일의 효율성을 자랑하는 자동차 메이커임에 의심의 여지가 없습니다. 도요타의 사장 소득은 미국의 사장에 비해 훨씬 낮으며, 일반 사원과의 격차도 작다고 생각합니다. 도요타는 상당히 효율성이 높은 생산성을 가지고 있다는 점을 생각할 때, 사장과 일반 사원의 소득 격차는 작을수록 좋을지도 모릅니다. 물론 이것은 추론에 불과합니다. 하지만 이런 것들에 대해 수치를 이용하여 정밀하게 검증하는 것도 경제학의 역할이라 할 수 있을 것입니다. 이것에 대해 제5장에서 검증하겠습니다.

# 05

격차사회를 위한 처방전
「비복지국가」에서 벗어나기

경쟁과 공평성의 문제

지금까지 격차의 확대에 의해 여러 가지 문제가 일어나고 있는 것을 설명해 왔습니다. 그러면 실제로, 이 격차라는 것을 어떻게 개선해야 할 것인지를 생각하며 격차사회가 낳는 문제에 대하여 제가 생각하는 구체적인 정책 제언을 들어 마지막 장의 테마로 삼고자 합니다.

## 1. 경쟁과 공평의 양립

### 결과의 평등으로부터 '효율성과 공평성'을 검증하다

제4장 1에서 효율성과 공평성의 트레이드오프가 반드시 성립하는 것은 아니라고 했습니다. 그것을 상세히 설명해 보겠습니다. 우리는 자유주의경제 속에서 살아가고 있습니다. 따라서 경쟁이 유효한 개념임을 인정하지 않을 수 없습니다. 근로자 간의 경쟁은 근로자의 능력과 의욕을 높이고 기업 간의 경쟁은 기업의 생산성을 높입니다. 한 나라의 경제 효율도 이러한 경쟁이 있기에 높아지는 것입니다. 그러나 경쟁이 미치는 곳에서는 승자와 패자가 반드시 생기게 됩니다. 그리고 그 양자 간에는 격차가 생깁니다. 경쟁에 의해 효율성이 높아지는 한편, 불평등이 진행되는, 즉 공평성이 손상을 입게 되는 것입니다. 이 '결과의 불평등화'에 주목하면 효율성과 공평성은 트레이드 오프의 관계에 있다고 할 수 있을 것입니다.

그것을 나타내는 유력한 증거도 있습니다. 예를 들어 제2장 4에서 본 것처럼 영국의 대처 수상, 미국의 레이건 대통령에 의한 경제개혁입니다. 그들은 규제 완화에 의한 경쟁의 촉진, 큰 폭의 감세, 복지정책의 재수립과 같은 정책을 시행하여 1970년대 후반부터 80년대에 걸쳐 최악의 상태였던 각각의 나라의 경제를 다시 세우는 것에 성공했습니다. 그러나 이것도 앞서 말했지만, 동시에 소득분배에서 큰 불평등화가 진행되게 된 것입니다.

영국과 미국의 예는 경제의 효율성과 공평성이 트레이드 오프의 관계임을 나타내는 유력한 증거가 된다고 생각합니다. 즉, 경제정책에 의해 경제 효율은 높아졌으나 공평성이 희생되어 버렸다고 해석할 수 있습니다.

### 기회의 평등·불평등으로부터 '효율성과 공평성'을 검증하다

그러나 결과의 평등·불평등과는 다른 시점에서 본 경우, 효율성과 공평성의 트레이드 오프에 관하여 다른 결론이 도출됩니다. 그것은 기회의 평등·불평등으로부터의 시점입니다. 기회의 평등·불평등이라는 것은 사람들이 교육을 받고, 취직하고, 기업에서 승진할 때에 문제가 됩니다. 공평성이 높다는 것은 기회의 평등이 지켜지고 있다고 이해할 수 있습니다.

그러면 반대로 기회의 평등이 없는 사회를 생각해 봅시다. 기회의 평등이 없는 사회에서는 누구나 경쟁에 참가할 수 없습니다. 유능한 사람, 노력할 수 있을 만한 사람을 경쟁에 참가 시키지 못할 우려가 생깁니다. 그런 사람이 교육을 받지 못하거나, 취직하지 못하거나, 일을 얻지 못하거나, 승진하지 못하거나 하는, 즉 경쟁에 참가하지 못한 채,

힘을 발휘할 수 없다고 한다면 이것은 경제 효율의 면에서 보더라도 손해일 것입니다. 왜냐하면 본래는 경제 효율 향상에 공헌할 만한 사람들이 배제되어 있기 때문입니다.

 이와 같이 기회의 평등·불평등이라는 시점에서 효율성과 공평성을 검증하면, 기회의 평등성을 달성하는 것이 오히려 경제 효율성을 향상시킨다는 결론을 얻을 수 있습니다. 따라서 기회의 평등·불평등으로부터 공평성을 이해할 경우에 효율성과 공평성은 트레이드 오프 관계에 있지 않다고 해석할 수 있습니다. 반대로 공평성을 더하는 것으로 인해 효율성도 더해진다는 해석이 가능합니다.

### 일본에서의 효율성과 공평성

 이와 같이 효율성과 공평성이 트레이드 오프의 관계인지 아닌지는 시점을 바꾸는 것으로써 두 가지의 다른 결론을 도출할 수 있습니다. 그러면 일본 사회에서는 효율성와 공평성의 트레이드 오프가 성립하고 있는 것일까요.

 일본 사회에서도 경제의 효율성을 목표로 소득세의 감세를 시행해 왔습니다. 여러 번 말씀드리지만, 높은 소득을 얻고 있는 유능한 사람이 근로 의욕을 잃지 않도록 하기 위함입니다. 고소득자의 요구를 정부가 받아들인 것입니다. 더욱이 저축을 촉진하기 위해서 자산과 세금에 대한 감세정책도 시행해 왔습니다. 저축을 촉진하는 것으로 일본의 자본 축적을 탄탄하게 하려는 동기입니다. 그러면 도대체 이러한 동기와 정책은 실태에 맞는 것입니까. 즉 높은 세금을 징수당하면 근로 의욕을 잃고 저축이 줄게 되는 것입니까. 저는 이 문제를 실증해 보았습니다.

그 결과 일본에서 고소득자가 높은 세금을 징수당하더라도 근로 의욕을 잃었다는 실제적인 증거는 없습니다. 제가 본 바로는 고소득자들이 세금을 줄여달라고 주장한 것은 단지 세금을 내는 것이 싫기 때문이며 세금을 낮춤으로 근로 의욕이 높아진다는 사실은 증명되지 않았습니다. 세금의 높고 낮음과는 관계없이 지금도 일본 국민은 적어도 근로 의욕은 높다는 것이 제 평가입니다. 즉 세금의 높고 낮음에 의한 노동 공급의 효과는 나타나지 않았습니다. 또한, 일본 국민의 저축 행태를 보면 이자와 배당의 과세와는 거의 관계없이 저축하고 있습니다. 즉 세금의 높고 낮음이 저축에 영향을 주지 않는 것입니다.

따라서 유능한 사람과 고소득자의 근로 의욕에 악영향을 미쳐서는 안 된다거나 자본 축적이 감소하면 안 된다는 등의 동기에 근거한 세제개혁은 실증연구에서는 지지받지 못한다고 판단됩니다. 이것은 몇 가지의 학문적 연구에 의해서도 확인되고 있습니다. 반대로 말하면 세금이 높아도 근로 의욕이나 저축율은 여전히 높은 상태로 유지된다는 것입니다. 바꾸어 말하면 일본 경제는 효율성과 공평성의 양립을 목표로 하는 것이 가능하다고 판단할 수 있습니다.

### 효율성과 공평성을 달성한 북유럽

실제로 경제의 효율성과 공평성을 달성하고 있는 나라가 있습니다. 현재의 북유럽입니다. 이미 본 것과 같이 북유럽은 복지제도가 충실하고 분배의 평등성도 높아, 공평성이 높다고 할 수 있습니다. 더욱이 경제 호조도 계속되고 있습니다. 효율성과 공평성 두 가지를 모두 이루고 있는 것입니다.

핀란드의 노키아NOKIA, 스웨덴의 에릭슨Ericsson, 볼보VOLVO 등, 세계적으로도 유명한 기업이 활약하여 경제 효율성은 상당히 높다고 할 수 있습니다. 그것과 동시에 국민의 교육 수준도 상당히 높고 근로 의욕도 높습니다. 모두 함께 경제 효율을 높이려는 의욕을 느낄 수 있습니다. 북유럽은 1980년대에 경제가 악화되어 복지정책을 수정한 시기도 있었습니다. 너무 높은 복지 수준이 비판받았던 것입니다. 그러나 그 후 제도와 정책을 전환하여 현재의 복지국가를 존속시키고 있습니다. 이와 같이 현재의 북유럽에서는 효율성과 공평성 양쪽을 달성하고 있다고 생각됩니다.

높은 세금 부담이나 사회보장 부담이 높은 복지를 보장하는 것으로써 국민에게 안정감을 주는 것에 기여하고 있는 것도 강조할 만합니다. 높은 근로 의욕도 유지시킬 수 있는 것입니다. 이와 같이 고복지·고부담이라는 방식은 일본의 장래를 생각함에 있어서 큰 참고가 될 것입니다.

앞에서 말한 바와 같이 일본 국민은 적어도 세금이 높다고 근로 의욕과 저축 의욕을 잃지는 않습니다. 따라서 북유럽과 같은 생활이 일본에서 실현될 가능성이 있다고 생각합니다.

북유럽적인 고복지·고부담에 대한 일본에서의 반대 의견에는 이러한 나라는 소국이라 국민 간의 연대감도 강하므로 정책이 잘 받아들여지는 것이며 일본과 같은 나라에서는 무리라고 생각하는 면도 있습니다. 그런 측면이 있다는 것은 부정하지 않습니다. 그러나 정책 방식에 따라서는 북유럽형도 가능하며, 노력하여 국민의 합의를 얻는 것은 가능할 것입니다.

## 2. 고용격차를 시정하다

### 저소득 근로자의 구제

이미 서술한 바와 같이 격차문제를 생각할 때 저는 격차의 하층에 있는 사람에게 특히 주목해야 한다고 생각합니다. 즉, 빈곤자 수를 가능한 제로에 가깝게 하려는 노력이 격차사회에서는 중요하다는 생각입니다.

제2장 2에서 서술한 바와 같이 고용의 변화가 오늘날 일본의 격차사회에 큰 영향을 주고 있습니다. 정규직과 비정규직 사이로 대표되는 고용에 있어서의 격차가 그 배경에 있습니다. 따라서 고용에서의 하층, 즉 저소득 근로자를 어떻게 구제할지가 중요하다고 생각합니다. 여기서는 고용에 관하여 제가 생각하는 정책을 구체적으로 제안하고자 합니다.

### 직무급 제도의 도입

첫 번째로 제가 제안하고자 하는 것은 '동일 노동·동일 임금'의 개념을 도입하는 것입니다. 즉, 정규직이든 비정규직이든 비슷한 일이라면 시간당 임금은 가능한 같도록 하는 정책입니다.

이 개념이 '직무급 제도'입니다. 직무급 제도란, 각 사람이 어떤 직업을 가지고 있는가, 어떤 직무를 하고 있는가를 명확하게 확인한 후에 비슷한 일을 하고 있는 사람에 대해서는 시간당 임금을 동일하게 하는 것입니다. 따라서 풀타임으로 일하든, 파트타임으로 일하든 시간당 임금에는 차이가 없습니다. 시간당 임금이 같다면 총임금의 차이는 노동시간에 의한 차이만 존재하게 됩니다. 그러면 임금의 공평성을 유지할 수 있으며 비정규직의 소득을 올리는 효과도 가져온다고 생각합니다.

### 네덜란드의 워크셰어링

네덜란드에서는 1980년대에 실업률이 상당히 높아졌습니다. 실업률이 10%를 넘고 국민들 사이에도 위기의식이 퍼지게 되었습니다. 그때 실업률을 낮게 하기 위해서는 어떤 정책을 세우면 좋을지를 노사가 진지하게 협의했습니다. 그 결과 풀타임으로 일하고 있는 사람들이 일을 양보하여 실업자들을 적어도 파트타임으로 일하게 하는 것에 합의하였습니다. 즉 워크셰어링의 도입입니다. 그때 채용한 것이 동일노동·동일임금입니다. 풀타임이든 파트타임이든 비슷한 일이라면 시간당 임금을 같게 한다는 것입니다. 이것을 법률로 제정한 것입니다. 그 결과 실업률이 2~3%로 대폭 축소되었습니다.

네덜란드의 워크셰어링은 '1.5경제'라고도 불립니다. 네덜란드는 유럽치고 드물게 전업주부가 많은 나라였습니다. 그러나 결혼과 육아 등을 이유로 가정에 들어가 있던 여성이 워크셰어링의 도입에 의해 다시 사회로 나오게 되었습니다. '15'에서의 '1'은 남편이 풀타임으로 일하는 것을 의미하며, '5'는 부인이 육아 등을 하면서 파트타임으로 일하는 것을 의미합니다. 0.5라는 뜻입니다. 워크셰어링 및 동일노동·동일임금 정책에 의해 이것이 가능하게 된 것입니다.

일본에서도 과거 직무급제도를 도입하려고 하는 시도가 있었습니다. 그러나 일본에는 직무급 제도가 들어오지 않았고, 소위 연공서열제나 생활급 제도가 주류였습니다.

현재와 같이 정규직과 비정규직의 소득 격차가 확대되는데다, 비정규직 중에서는 생활유지가 가능한 소득을 얻을 수 없는 경우도 많은 상황에서 저는 한 가지 정책으로 직무급 제도의 도입을 한 번 더 생각해 볼 필요가 있지는 않을까 싶습니다.

### 최저임금제도의 개선

다음으로 제가 제안하는 것은 최저임금제도를 충실하게 하는 것입니다. 제3장 2에서 일본의 최저임금이 너무 낮으며 최저임금제도와 생활보호제도의 역전 현상마저 일어나고 있음을 지적했습니다. 최저임금이 낮은데다 최저임금 이하로 일하고 있는 사람의 수도 꽤 많습니다. 따라서 최저임금을 올리는 것이 저소득 근로자의 생활개선으로 이어진다고 생각합니다.

그러면 최저임금제도를 충실히 하기 위해서는 어떠한 점이 중요할까요. 먼저 근로자와 경영진이 기업의 생산 활동으로 인해 발생하는 부가가치를 어떻게 배분하는가 하는 문제를 생각해 봐야 합니다. 즉 근로자, 경영자, 주주에게 분배하는 비율을 어떻게 결정하는가 하는 것입니다. 근로자에게 얼마만큼의 비율이 분배되는가를 통상 '노동분배율'이라 부릅니다.

현재 일본에서는 노동분배율이 낮아지고 있습니다. 어느 나라라도 불경기가 되면 노동분배율이 저하되는 경향이 있으며 일본도 예외는 아니었습니다. 이 저하되고 있는 노동분배율을 올리는 정책이 필요하다고 생각합니다. 이것은 근로자의 생활을 지킨다는 의미에서도 필요합니다. 노동분배율을 올리는 것은 최저임금을 올리는 것으로 이어집니다.

두 번째로 노동분배율을 올린 때의 근로자 간의 분배를 어떻게 할 것인가 하는 문제입니다. 이것에 대한 제 주장은 고임금인 사람에게는 어느 정도의 희생을 구하여, 적극적으로 저소득자의 분배율을 올려 최저임금 상승으로 가져가야 한다는 것입니다.

왜냐하면, 기업의 상황을 고려할 때 고임금인 사람들의 임금을 유지하면서 저임금인 사람들의 임금을 올리는 것은 현실적으로는 곤란하기 때문입니다. 그래서 고임금인 사람에게 다소 감액이 있더라도 그만큼 저임금인 사람의 소득을 상승시키는 노력이 필요할 것입니다.

이것은 앞서 논한 네덜란드의 워크셰어링과도 닮은 것입니다. 실은 일본에서도 4~5년 전 실업률이 높아졌을 때에 워크셰어링의 도입이 여러 곳에서 주장되었습니다. 그러나 극히 일부분에서만 도입되었고 결국 구호만으로 끝나 정착하지 못했습니다.

이런 과거의 경험을 볼 때 고임금자의 감액에 의해 저임금자의 임금을 상승시킨다는 저의 제안은 받아들여지지 않을 가능성이 높습니다. 그럴 경우에도 처음 방법으로 서술한 노동분배율을 올린 때의 70~80% 정도는 저임금자에게 돌릴 필요가 있다고 생각합니다.

세 번째로 최저임금이 올라가면 기업이 고용을 삭감할 우려가 있다는 견해에 어떻게 답해야 하는가 하는 문제입니다. 최저임금을 올린다는 것은 경영자 측에서 볼 때 노동비용이 높아진다는 것입니다. 따라서 기업은 고용을 삭감하지 않으면 안 되며 결국 실업자가 늘어난다는 결론을 얻을 수 있습니다.

그러나 제가 실증적으로 연구한 바에 의하면 일본에서는 최저임금을 올려도 고용이 줄어드는 일은 없습니다. 왜 일본에서 최저임금을 올려도 고용에 그다지 변화가 발생하지 않는가에 대하여는 저도 우라카와 쿠니오와의 공저『일본의 빈곤연구』도쿄대학출판회, 2006년에서 상세히 서술하고 있습니다. 참고로 거기에는 최저임금을 올리면 임금 분배를 평등하게 하는 효과가 있는 점을 나타내고 있습니다.

이상과 같이 최저임금을 올리는 데 있어서 중요하다고 생각되는 점을 서술하였습니다. 마지막으로 꽤나 감정적인 것을 덧붙이고자 합니다. 최저임금을 올리는 것을 싫어하는 경영자 측에게 저는 이렇게 묻고 싶습니다.

"당신의 아들, 딸, 아내가 시급 600엔, 700엔으로 일하고 있는 것을 알게 된다면 당신은 어떤 생각을 하겠습니까?"

600엔, 700엔의 임금으로는 먹고살기가 너무 힘듭니다. 자신의 아들이 그런 일을 하고 있다는 것에 아무 것도 느끼지 않을 사람은 없다고 생각합니다. 그 감정을 저는 경영자 측에서 가지기를 바랍니다.

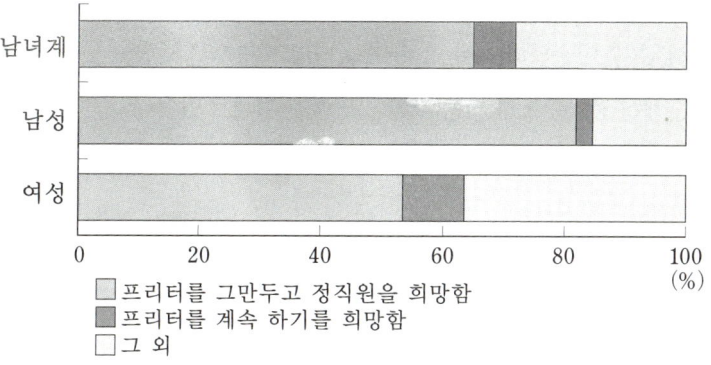

출처 : 리크루트워크스연구소 '아르바이트의 취로 등에 관한 조사' (2000년)
그림 5-1 성별로 본 프리터의 향후 취업생활에 대한 희망

### 청년은 탈 프리터를 바라고 있다

다음으로 청년 저소득근로자를 대표하는 프리터에 대한 대책을 논하겠습니다. 제4장 3에서 어쩔 수 없이 프리터가 된 사람이 많다는 것을 말씀드렸습니다. 반대로 말하면 대다수의 프리터는 가능하면 정직원이 되기를 희망하고 있습니다. 그림 5-1는 현재 프리터를 하고 있는 사람에게 향후의 직업에 대하여 남녀별로 조사한 것입니다. 그것에

따르면 남녀 합쳐 약 70%의 사람들이 프리터를 그만두고 정직원이 되고 싶다고 생각하는 것을 알 수 있습니다. 남성들은 80% 이상이 그런 생각을 가지고 있습니다. 여성의 경우는 남성보다 낮아, 50%를 조금 넘는 정도입니다. 이 남녀의 차이에 대해서도 간단히 다루겠습니다. 여성의 경우에는 인생의 선택지가 취직 이외에도 있다는 것을 생각해 볼 수 있습니다. 계속 일하고 싶다고 희망하는 사람도 있는 한편, 결혼해서 전업주부가 되는 것을 희망하는 여성도 있습니다. 후자의 경우에는 결혼을 계기로 직장을 그만두어 버리므로 정규사원이 되는 것을 강하게 희망하지는 않을 것입니다. 여성이 어떠한 라이프스타일을 원하는가는 개인의 자유입니다. 따라서 이것에 관하여 제가 이러쿵저러쿵 말할 필요는 없을 것입니다.

그러나 남성의 경우는 대다수의 프리터가 정사원이 되어 어느 정도의 안정된 소득을 얻으며 생활하는 것을 바라고 있습니다. 결혼도 하고 가정을 꾸리며 주된 소득자로서 가계의 기둥이 되어야 하기 때문입니다. 프리터를 계속 해야만 한다면 미래를 생각할 수 없는 청년도 생기게 됩니다. 결혼도 할 수 없고, 아이도 가질 수 없고, 나중에는 급기야 독거노인이 되어 빈곤층으로 전락하고 말 것입니다. 제4장 3에서 서술한 바와 같이 니트족은 더욱 심각합니다. 이런 현상들이 장래, 사회적으로 더욱 심각한 문제가 될 것은 당연한 것입니다. 이 역시 대책이 필요한 것입니다.

### 탈 니트족, 탈 프리터 정책

그것을 위해서 저는 공공 부문이 적극적으로 관여할 필요가 있다고 생각합니다. 왜냐하면, 여러 번 말씀드린 바와 같이 기업은 자진해서 프리터를 정규직으로 전환하려는 행동을 취하지 않습니다. 현재, 기업에는 직업훈련을 할 만한 재정적 여유가 없습니다. 지금까지는 기업이 신입사원의 직업훈련을 하는 것이 일반적이었습니다. 그러나 장기불황의 영향으로 기업에는 더 이상 그런 재정적인 여유는 없는 것입니다. 또한, 현재 일본의 노동시장은 노동이동이 높아지고 있습니다. 전직하는 청년도 많으므로 기업에서 보면 기업 스스로의 자금으로 직업훈련을 시켜도 결국 그만둘지도 모른다는 우려가 있습니다. 그래서 기업은 일부의 기간근로자 후보를 제외하고는 신입사원인 청년에 대한 직업훈련을 시행하지 않는 것입니다. 따라서 학력이 낮고 직업 경험이 미숙한 프리터, 더욱이 니트족을 고용하여 기업 자체적으로 훈련시키는 것은 더 이상 기대할 수 없습니다.

그런 상황에서도 공공 부문이 프리터와 니트족에게 직업훈련을 실시하고 한 사람의 근로자로 만드는 대책이 필요하다고 생각합니다. 청년구직자도 훈련을 받은 것으로 일하는 의의를 느끼고 근로 의욕도 높아질 것입니다. 이렇게 훈련을 받은 청년을 기업이 정규직으로 고용하도록 하는 정책을 생각해 볼 수 있습니다.

프리터밖에 할 수 없었던 세대의 사람들은 말하자면 기회의 불평등이라는 악재를 직접 받았다고 해석하는 것도 가능합니다. 취직자리를 찾는 시기에 공교롭게도 일본 경제가 대불황이었기에 어쩔 수 없이 프리터가 된 것이라면 기회가 주어지지 않았다고 할 수 있습니다. 이것을 보상하는 것은 국민의 대표인 정부의 일이라고 생각합니다.

### 성공한 다른 나라의 예

그것에 성공한 예가 여러 나라에 있습니다. 대표적인 예는 영국의 블레어 정권이 시행한 '뉴딜New Deal 정책'이라 불리는 제도입니다. 이것은 영국의 직업안정기구로써의 현재 일하고 있는 사람이 어드바이저adviser가 되어 무직자 또는 파트타임밖에 일할 수 없는 근로자 등에게 여러 번 면접을 하는 것입니다. 그리고 그들이 얼마만큼의 훈련이 필요한지 또는 어떤 직업이 어울리는지 등을 파악하여 그들에게 훈련을 실시하는 것을 결정하거나 직업을 알선하는 것입니다. 직업 훈련에 대하여는 국가의 비용으로 마련하도록 되어 있습니다. 이러한 제도를 도입하여 영국에서는 성공을 거두었습니다.

다른 나라의 예도 소개하겠습니다. 덴마크와 스웨덴과 같은 나라도 적극적으로 직업 훈련을 위한 공공지출을 시행하고 있습니다. 자녀를 가진 사람에게는 육아지원 등예를 들면, 육아 휴업 중의 소득보장도 병행하고 있습니다. 이렇듯 국가가 적극적으로 취로지원책을 시행하고 있는 나라가 있는 것도 지적해 두겠습니다.

### 일본의 고용정책은 국제적으로도 최저수준

일본의 경우를 보겠습니다. 그림 5-2는 일본과 다른 선진국이 GDP 비율로 어느 정도의 고용 관련 지출을 하고 있는가를 나타낸 것입니

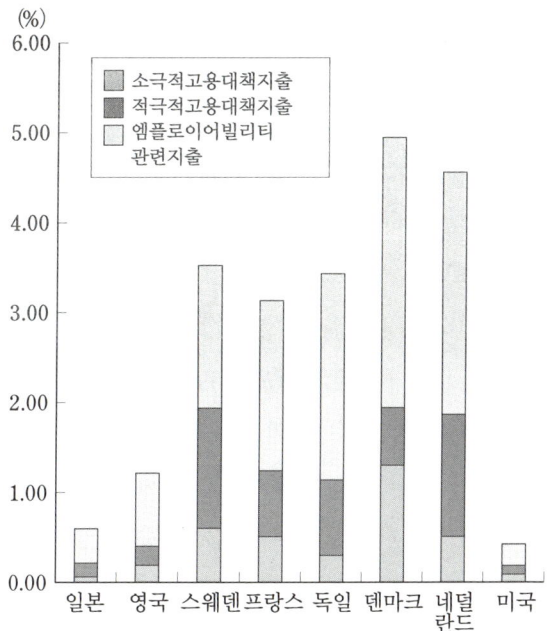

출처 : OECD, Labour Market Policies and the Public Employment Service, 1996-99

그림 5-2 OECD각국의 고용관련지출 (대 GDP비율)

다. 그림에 있는 소극적 고용 대책 지출이라는 것은 주로 고용보험급여를 말합니다. 실업 중의 생활보장을 한다는 의미로 고용을 찾는 것을 간접적으로 지원하는 지출입니다. 적극적 고용대책 지출이라는 것은 직업훈련, 직업소개, 육아지원 등 실업을 없애기 위하여 적극적으로 행해지는 지출입니다.

취직능력이란 근로자가 기업에 고용될 가능성을 나타냅니다. 근로자의 기능과 숙련도가 높아지면 기업이 그 사람을 채용할 확률은 높아질 것입니다. 따라서 취직능력 관련 지출이라는 것은 그 사람이 기업에 채용될 확률을 높이기 위한 지출을 가리킵니다. 적극적 고용대책 지출과 취직능력 관련 지출은 일을 찾을 수 있도록 정부가 얼마만큼의 지원을 하고 있는가를 보여주는 수치라 생각할 수 있습니다.

그림 5-2를 보면 알 수 있듯이 일본과 미국은 고용 관련 지출이 압도적으로 낮습니다. GDP 비율로 1% 이하입니다. 미국과 같이 일본도 고용정책이라는 것을 거의 시행하고 있지 않다고 할 수 있습니다. 영국도 그다지 높은 수치는 아니지만 앞에서 말한 바와 같이 뉴딜정책이 성공한 경험이 있습니다. 어찌되었든 일본과 미국보다는 고용 관련 지출를 시행하고 있습니다. 반대로 수치가 높은 곳은 스웨덴, 프랑스, 독일, 덴마크, 네덜란드 등입니다. 적극적으로 공공 부문이 고용 대책 지출 또는 취직능력을 높이려는 지출을 하고 있는 것을 알 수 있습니다. 일본의 낮은 수치는 청년들을 위한 지원책이 거의 이루어지지 않는 것을 말해주고 있습니다.

이 수치를 보는 것만으로도 일본에서는 공공 부문이 더 적극적으로 관여해야 한다는 것을 알 수 있습니다. 따라서 제가 서술한 바와 같은 직업훈련 또는 타국에서 행해지는 것과 같은 직업소개 등의 정책을 적극적으로 시행하여 고용자 수를 높여야 한다고 생각합니다.

## 3. 지역의 힘을 끌어내다

### 기업 유치의 기반 만들기

제3장 4에서 구조개혁과 공공사업의 삭감 등을 배경으로 지방이 쇠퇴하고 있다고 말씀드렸습니다. 계속 말씀드리지만 이제까지의 공공사업은 문제가 있긴 했지만 지방에는 경제적 지원의 측면도 있었습니다. 그럼에도 불구하고 공공사업을 대신할 유효한 지역 지원책은 나오지 않았습니다. 그것이 지역 간의 격차를 심화시키고 있습니다.

그러나 한편으로 정부에 의지하는 것만으로는 진정한 지역 진흥은 어려운 것도 사실입니다. 지자체와 민간도 지혜를 동원하여 지방의 활성화를 위해 노력할 필요가 있습니다. 중앙에서 보낸 돈을 그저 지방에다 쓰면 된다는 시대는 벌써 끝났습니다. 그러면 구체적으로 어떠한 정책을 생각할 수 있을까요. 저의 의견을 말씀드리고자 합니다.

첫 번째, 기업을 지방에 유치하여 기업 활동을 지방에서 활성화시키는 정책입니다. 현재 도시에 집중된 제3차 산업을 포함하여 기업이 지방에서도 더 늘어나고 더욱 산업이 활성화 되는 정책이 필요합니다. 기업이 적극적으로 지방으로 옮겨가기 위해서는 먼저 기반 만들기가 필요합니다. 그 기반 만들기에 지방 정부는 큰 지혜를 동원하여 상당한 노력을 해야만 합니다.

### 기업 유치의 실천 예

실제의 예를 보면서 설명하겠습니다. 제 제안을 실천한 예로 참고가 될 만한 것은 2002년 미에 현, 카메야마 시에 샤프SHARP의 액정공장이 생겼습니다. 샤프를 유치할 수 있었던 것은 당시의 키타가와 마사야스 미에 현 지사가 선두에 서고 지자체가 지혜를 써서 노력을 더한 결과입니다. 미에 현은 토지를 싸게 제공하고 세금을 낮추는 등 기업이 그 지역을 매력적으로 느끼도록 여러 가지 정책을 강구했습니다. 샤프는 이러한 미에 현의 요청에 응하여 샤프의 사업 중 가장 성장률이 높은 액정공장을 미에 현 카메야마 시에 세웠습니다. 공장을 세우면 다수의 근로자를 고용해야 합니다. 따라서 고용의 증가에 기여하게 됩니다.

미에 현 외에도 대규모 자동차 부품 메이커인 아이신 세이키AISHIN 精機가 홋카이도의 토마코마이에 공장을 세운다고 선언하고 있습니다. 또 캐논CANON도 오이타에 새로운 대규모 공장을 세울 의향을 나타내고 있습니다모두 2007년부터 조업. 이렇게 미에 현의 카메야마에 이어 대기업의 공장이 지방에 신설될 징조가 조금씩 나오고 있습니다. 단, 샤프의 카메야마 공장에 대해서는 다수의 비정규직이 일하고 있다는 보고도 있어 바른 평가에는 시간이 필요합니다.

### 의료와 간병

지방이 활성화되기 위해서는 기업의 유치만으로는 불충분합니다. 사람이 살기 좋은 지역을 만들 필요가 있습니다. 그리고 지역에 사람을 불러 모아 그것에 거주시키는 것과 같은 일도 지방을 소생시키는 힘이 될 것입니다.

실은 지방이 대도시보다 양호한 주택 상황과 교통의 혼잡이 없는 것으로 살기 좋다는 것을 말하고 싶습니다. 예를 들어 일본에서 가장 살기 좋은 곳은 토야마, 이시카와, 후쿠이, 호쿠리쿠 3현인 것은 잘 알려진 사실입니다.

살기 좋은 지역 만들기의 조건으로 병원과 간병 시설의 완비를 생각할 수 있습니다. 일본은 고령화가 진행되어 있는데, 특히 지방에서는 급속히 진행되고 있습니다. 따라서 고령자의 의료와 간병은 수요가 상당히 큽니다. 그럼에도 지방에서는 의사가 부족하다는 이야기를 자주 듣습니다.

거기서 지방에 우수한 의사가 있는 병원, 또는 우수한 간병 시설 등이 있으면 사람은 모여들 것입니다. 근로자의 노부모들이 병원에 들어가거나 또는 간병 시설에 들어가서 그 지역에서 안심하고 여생을 보낼 수 있게 된다면 살기 좋고 매력적인 지역이 되어 사람도 옮기기 쉽게 될 것입니다.

그렇게 하여 성공한 예가 아키타켄, 타카노스에 있습니다. 타카노스도 경제 쇠퇴로 고민하고 있었습니다. 하지만 1991년에 새로 취임한 타카노스의 시장이 간병 시설의 구비 등, 고령자의 복지에 초점을 맞춘 지역 만들기를 한 결과, 많은 고령자가 타카노스로 이주해 왔습니다. 타카노스는 고령자가 안심하고 지낼 수 있는 복지의 지역으로 전국에 알려지게 되었습니다단, 그 후 2003년에 시장이 바뀌고 조금 변화가 생기고 있습니다.

고령자만으로 제한하지 않아도 됩니다. 제3장 3에서 다루었듯이 산부인과, 소아과의 의사 부족이 전국적으로 문제가 되고 있습니다. 따라서 병원, 의료 시설의 확충은 젊은 세대에게 있어서도 매력적인 것입니다.

이외에도 자식이 좋은 의무교육과 중고등교육을 받을 수 있도록 학교 교육을 충실하게 하는 것도 필요합니다. 일할 곳을 늘려 고용을 확보하고 새로운 세대의 고령자가 안심하고 생활할 수 있는 병원, 간병 시설의 완비. 그리고 아이들도 좋은 교육을 받을 수 있을 뿐 아니라, 토지도 싸다면 지방이 도시보다 풍성하고 만족스러운 주거환경을 제공할 수 있을 것입니다. 이렇게 하여 여러 세대가 지방으로 이주해 와서 지역을 활성화시키는 것이 가능하지 않을까 생각합니다.

### 농업의 육성 필요

또 한 가지 잊어서는 안 될 것은 지방에서 농업에 종사하는 사람에게 안정된 생활을 할 수 있도록 소득을 보장할 필요가 있습니다. 일반적으로 농업은 생산성이 높지 않기 때문에 소득도 낮습니다. 농산물의 가격을 보조금을 지급하여 높게 하는 정책이 아닌, 농업 생산을 효율적으로 할 수 있도록 하는 정책이 필요합니다. 예를 들어 품종의 개량, 농기구의 개선, 어떤 농산물을 어디서 만들지 등의 유효한 농지 이용책 등입니다. 이것은 개개의 농가에서 고민할 정책이 아니므로 정부와 함께 관민기업, 농협 등의 협력과 지원이 필요합니다.

### 정부도 지방의 자립을 지원할 필요가 있다

앞서 말한 의료·간병, 교육, 주택과 같은 시설을 충실히 하고 거기서 일하는 사람을 확보하기 위해서는 커다란 노력과 재원이 필요합니다. 정부의 지역지원책이 필요한 것입니다. 고이즈미 수상이 내 건 '중앙에서 지방으로'가 단순히 '지방 분리'가 아니라 지방이 소생하고 자립하는 것을 촉진하는 정책이어야 할 필요가 있습니다. 이제까지와 같이 정부로부터의 공공사업을 의지하는 것이 아니라, 지자체나 그 지역의 주민이 서로 지혜를 내어 노력하며 그것을 도와 지원하기 위한 지역지원을 정부에서도 시행해야 합니다.

또한, 지방에서도 재원 확보를 위해서 다음과 같은 노력도 생각해 볼 수 있을 것입니다. 첫 번째로 지금까지 공공사업에 지출해 오던 재원을 어느 정도 이러한 지출에 사용하는 것입니다. 두 번째로 사람이 모이고 일도 늘어나면 법인세와 소득세 수입이 늘어나므로 거기서 나온 세수를 이런 지출에 사용하는 것입니다. 그것을 위해서는 어느 정도의 금액을 정부에 의존하는 것도 피할 수는 없을 것입니다. 이같은 노력에 의하여 경제활성화의 상승효과를 기대할 수 있습니다.

## 4. 교육의 기회를 빼앗기지 않는다

### 장학금제도와 공교육개혁

다음으로 교육제도에 대하여 격차개선 대책을 제안하고자 합니다.

제4장 3에서 서술한 바와 같이 니트족이나 프리터의 다수는 중졸과 고졸입니다. 낮은 학력의 청년이 저소득 근로자가 되어 있는 경우가 많은 것입니다. 또 제3장 5에서와 같이 현재의 일본에서는 좋은 교육을 받을 수 있고 없고의 문제는 상당 부분 부모의 계층, 직업, 소득에 의해 영향 받고 있습니다. 부모의 계층이 높으면 교육에 투자를 많이 하고, 그렇지 않으면 빈약할 수밖에 없습니다. 낮은 계층의 부모의 자식이 빈약한 교육을 받고 저소득 근로자가 된다는 이러한 악순환, 즉 계층의 고착화를 시정하기 위해서도 교육문제는 중요합니다.

  그러면 구체적으로 어떤 정책을 생각해 볼 수 있을까요. 제일 처음 생각해 볼 수 있는 것은 장학금제도를 충실히 하는 것입니다. 교육을 받고자 하는 사람이 있다면 가계의 상황에 관계없이 받을 권리가 있습니다. 그것을 위해서는 교육비 부담을 부모에게만 부담시키고 있는 일본의 상황은 건전한 모습이라고 할 수 없습니다. 일본은 외국과 비교하여, 장학금제도가 많이 부족합니다. 일본의 교육에서 기회의 평등을 잃어가고 있다는 것은 몇 번이고 반복하여 지적해 왔습니다. 기회의 평등을 되돌리기 위해서도 장학금제도를 충실하게 할 필요가 있습니다.

  두 번째로 공립학교를 충실히 하는 정책이 필요합니다. 제3장 5에서 서술한 바와 같이 사립학교초, 중, 고교가 존재감을 키워오고 있습니다. 명문이라 불리는 대학에 입학시키기 위해서 독자적인 커리큘럼을 만들고 합리적인 학습을 시키고 있는 사립고교는 지금 매우 인기가 높습니다.

그러나 공립학교에 비교하면 학비도 높고 그 학교에 입학하기 위해서는 학원에 보내거나 가정교사 등을 붙이거나 하는 입시대책도 필요합니다. 가난한 가정의 아이들에게는 무리입니다. 그래서 공립학교를 더 충실하게 할 필요가 있습니다.

예를 들어 소수 인원 학급을 만들고 교원을 증가시키고, 또 우수한 교원이 모이도록 하는 시스템을 만드는 등의 방법을 생각해 볼 수 있습니다. 그런 정책에 의해 공립학교의 충실을 도모할 필요가 있습니다. 그러나 현실에는 앞서 말한 바와 같이 교원의 급여 삭감책 등 공교육의 충실과는 반대의 흐름이 일어나고 있습니다.

### 일본의 공적 교육 지출은 세계 최저 수준

이러한 교육제도의 개선을 실현하기 위해서도 정부는 교육 지출을 더욱 증액할 필요가 있습니다. 그림 5-3을 보면 GDP 대비 공교육 지출액의 비율이 선진국 중에 일본은 최저 수준입니다. 프랑스가 6.0%, 영국과 미국이 각 5% 정도인 것에 비해 일본은 단 4.1%입니다.

덴마크를 비롯한 북유럽 국가들은 구미 평균보다도 더 높은 교육지출을 하고 있습니다.

일본은 공교육 지출이 이상할 정도로 낮은 나라입니다. 그럼에도 불구하고 현재 지출을 더 삭감하려 하고 있습니다. 이렇게 되면 일본의 교육 그 자체가 걱정됩니다. 어느 나라에서도 다음 세대를 짊어질 우수한 국민을 육성하기 위해서 공적인 교육 지출은 어느 정도 높은 수

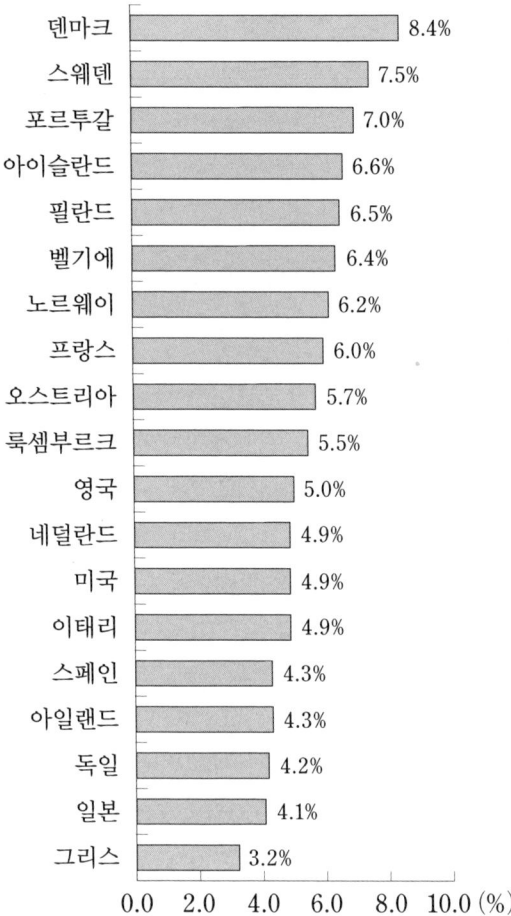

주: 수치는 교육지출대비 GDP(2002부터 2003년)
미국은 기능별분류를 9분류(환경보호제외)
출처: OECD, General government Accounts, 2003-4

그림 5-3 교육에서의 공적지출 국제비교

준을 확보하고 있습니다. 그러나 일본은 그런 세계의 상황과는 전혀 반대 방향을 향하고 있는 것입니다.

최근 대학의 학비가 인상되고 있는 것도 제3장 5에서 이미 서술했습니다. 사립은 물론 공립대학에 다니기도 버겁습니다. 공적인 교육 지출의 삭감은 이렇게 곳곳에서 영향을 주고 있습니다. 일본은 교육 지출을 분명히 확대해야 합니다.

### 직업 교육의 체제

여기까지 주로 제도와 재원에 관한 이야기를 했습니다. 제도의 개선, 예산의 증가와 동시에 교육에는 당연히 내용을 충실히 하는 정책이 필요합니다.

현재 일본의 중등교육은 너무 대학 진학을 제1의 목표로 한 교육을 하고 있습니다. 그래서 고등학교에서는 '보통과 고교'라고 하는 것이 가장 큰 비율을 차지하고 있습니다. 한편, 농업고교와 공업고교, 상업고교 등에서 하는 것과 같이 학교 졸업 후 곧바로 사회에서 활용될 수 있는 교육이 그다지 이루어지지 않고 있습니다. 학생 수로 보아도 압도적으로 보통과 고교가 많습니다. 그러나 저는 학교에서 직업 교육이 중요하다고 생각합니다. 따라서 사회에서의 일과 직결되는 기능을 지닐 수 있는 교육 체제를 정비할 필요가 있습니다.

왜 그렇게 생각하는지 말하자면 일본 사회에 대량으로 존재하는 니트족과 프리터의 존재때문입니다. 저는 이전에 프리터가 된 사람들이 어떤 고교 교육을 받았는지 관심을 가지고 조사한 일이 있습니다. 그 결과 보통과 고교 중에서도 진학교가 아닌 학교의 출신자가 프리터가 된 예가 많았습니다. 이러한 사태가 일어난 요인의 한 가지는 보통과가 대학 진학을 목적으로 한 교육을 하고 있기 때문입니다. 따라서 그런 교육을 따라가지 못한 학생에게는 어떤 상담도 이루어지지 않은 경우가 많습니다.

그와 동시에 보통과의 직업 교육 부재도 지적할 수 있을 것입니다. 대학에 못 간 보통과 고교 출신 학생들은 대학에 진학하는 것도 아니고 사회에 곧바로 도움이 되는 기능도 없는 그런 사람이 되어버립니다. 그들이 니트족과 프리터가 되는 것은 어쩌면 당연한 흐름이기도 합니다. 기업이 직업훈련을 해왔지만 더 이상 기업에는 그러한 여유는 없다고 앞에서 말씀드렸습니다. 따라서 교육에 직업훈련적인 요소를 도입할 필요가 있다고 저는 생각합니다.

다만, 이미 니트족이나 프리터가 된 사람에게는 본 장 2에서 서술한 바와 같이 공적 기관에 의한 직업훈련을 생각할 수 있습니다.

여기서는 주로 고등학교를 다루었지만 대학에도 적용됩니다. 대학 교육에서도 사회에 나가서 도움이 될 수 있는 전문 과목이나 실무 위주의 교육을 충실히 할 필요가 있습니다. 예전과 같이 사회의 엘리트를 육성하는 대학 교육을 준비하는 것이 아닌 대학 교육이 대중화된 현대에서는 직업 교육을 더 충실히 해야 할 필요가 있다고 생각합니다.

## 5. 서둘러야 할 빈곤의 구제

### 생활보호제도의 재수립

격차가 확대되는 중에 빈곤자를 비롯한 약자를 위한 사회적 보호가 사라지고 심각한 상황이 일어나고 있는 것을 반복하여 말씀드리고 있습니다. 일본 사회에서는 본래 복지를 받치고 있던 큰 기둥은 기업이며 가족이었습니다. 그러나 구조적인 사회 변화, 재정적인 문제에 의해 지금은 양자가 복지를 지지하는 것이 어려워졌습니다. 그럼에도 '작은 정부'를 향한 흐름 속에서 공적인 복지는 더 깎이고 있습니다. 사회보험료의 증가와 자기부담의 증가, 그것에 사회보험급여의 삭감이 사회보장제도의 정책으로 연속적으로 도입되어 왔습니다. 이러한 상황을 근거로 볼 때, 약자의 구제가 급한 상황입니다. 그러면 어떤 정책을 생각할 수 있을까요.

먼저 생활보호제도에 관한 정책입니다. 일본에서 생활보호제도의 최대 문제는 생활보호를 받을 수 있는 저소득자가 생활보호를 못 받고 있다는 점입니다. 즉 본래 생활보호에 의해 구제되어야 할 사람이 구제되지 않고 상당히 힘든 생활을 강요받고 있다는 것입니다.

왜 이런 사태가 일어나는 것입니까. 가장 큰 이유는 일본인의 국민감정의 문제로 생각됩니다. 생활보호를 받는 것을 수치라고 생각하는 감정입니다. 생활보호를 받고 있다는 것은 체면상 좋지 않고 부끄럽기에 생활보호 신청을 하지 않는다는 사람도 있습니다. 이것은 어떤 의미에서는 개인적인 성향이며 선택이라서 그다지 문제가 아닐 수도 있습니다.

## 너무 엄격한 일본의 생활보호 기준

그러나 다음과 같은 제도적인 문제가 더 큰 요소입니다. 먼저 '민즈테스트means test'의 문제를 지적할 수 있습니다. 민즈테스트란 그 사람이 정말로 생활보호를 받을 자격이 있는가 하는 입장에서 실시하는 자산조사를 포함한 자격검사를 의미합니다. 이 민즈테스트 기준이 일본은 상당히 엄격합니다. 저축이 어느 정도 있으면 민즈테스트를 통과할 수 없다거나 매스컴 등에서도 화제가 되었듯이 에어컨을 샀더니 생활보호급여 지급을 정지당했다 등 여러 사례가 보고되고 있습니다.

또한 과거 폭력단 관계자였다는 등 실제로는 가난하지 않은 사람들이 생활보호급여 지급을 받고 있었던 등이 밝혀진 일도 있습니다. 그러한 것을 계기로 정말로 빈곤으로 고통 받고 있는 사람에게만 지급되어야 한다는 소리가 높아졌습니다. 지급의 적정선에 대해 엄격히 묻게 된 것도 민즈테스트의 엄격함의 배경입니다.

저는 민즈테스트 자체에는 반대하지 않습니다. 국민의 세금을 사용하여 생활보호급여를 지급하는 것이므로 생활보호를 얻을 자격이 있는지 어떤지 선별할 필요는 당연히 있습니다. 그러나 그 기준이 너무 엄격하면 본래 구제되어야 할 빈곤자가 구제되지 않는 사태가 일어납니다.

두 번째로 신청의 수속이 상당히 복잡합니다. 여러 가지 서류를 준비해야만 하며 시간과 수고 또는 금전이 들게 됩니다. 지금 정말 생활이 곤란한 사람에게는 이러한 수속도 간단하지 않습니다. 결국 생활보호를 받을 수 있는 절차조차 쉽지 않게 되었습니다.

세 번째로 가족이나 친족 중에 지원해 줄 수 있는 능력이 있는 사람이 있을 경우, 당국은 먼저 그 사람들에게 지원을 구하도록 요청하는 것도 문제입니다. 실제로는 법률에 의해 사촌 이내의 친족에게 지원 의무가 있습니다. 이 조건이 어떤 의미로는 가장 심각한 요인이라고 생각합니다.

일본에서는 전통적으로 가족과 친족이 서로 도와 생활을 지탱해 온 측면이 있어 그것 자체는 일본이라는 나라의 좋은 점이기도 합니다. 그러나 현재는 가족과 친족의 원조에도 한계가 있습니다. 가족의 구성, 친족과의 관계 등도 이전과는 크게 달라져 있습니다. 따라서 먼저 가족과 친족로부터의 지원을 받아야만 한다는 원칙을 계속 지키는 것은 더 이상 실태에 맞지 않습니다. 여기서도 본래 구제되어야 할 사람이 생활보호에서 빠져버릴 가능성이 높습니다.

네 번째로 일할 수 있는 세대의 빈곤자에 대해서는 당국은 먼저 일할 것을 강하게 권합니다. 이것 자체는 나쁜 시책은 아닌데 문제는 일할 곳의 수가 적은 것과 일할 곳이 있어도 임금이 상당히 낮은 일밖에 없다는 것입니다. 이것을 당국은 먼저 이해해야 한다고 생각합니다.

이와 같은 사실을 토대로 보면 일본에서 생활보호를 받기 위한 기준은 몹시 엄격하다는 것을 알 수 있습니다. 본래 생활보호를 받아야 할 사람이 받지 못하고 빈곤에 시달리는 사태가 일어날 가능성이 높은 것입니다. 저는 현재의 생활보호급여 지급액을 줄인다고 하더라도 더

문호를 넓혀서 구제해야 할 대상을 넓혀야 한다고 생각합니다.

## 빈약한 고용보험제도

다음으로 고용보험제도에 대하여 다루고자 합니다.

현재, 일본의 실업률은 많이 감소했지만 과거보다는 높고 실업자가 다수 존재하고 있습니다. 그리고 실업이 되면 새로운 직장을 찾기가 쉽지 않고 마침내는 빈곤층으로 전락해 갑니다. 따라서 고용보험제도의 확충은 빈곤층을 위해 중요한 문제입니다.

일본의 고용보험은 여러 가지 문제를 안고 있습니다. 첫 번째로 근로자의 절반 정도만이 가입되어 있다는 현실입니다. 이미 말씀드린 바와 같이 고용보험에 가입하기 위해서는 주당 20시간 이상 일하지 않으면 안 되고 고용기간, 고용계약이 1년 이상 되어 있어야만 합니다. 비정규직의 다수는 이러한 조건을 맞출 수 없습니다. 결과적으로 고용보험에 가입할 수 없어 실업하더라도 보험급여를 받을 수 없는 사람이 많아진 것입니다.

두 번째로 급여 기간이 짧다는 문제를 지적할 수 있습니다. 급여 기간은 고용보험에 가입해 있던 기간에 달려 있습니다. 보통 고용보험의 급여 기간은 3개월, 길어야 반 년입니다. 1년 넘게 고용보험 혜택을 받을 수 있는 경우는 30년 정도 일하던 사람이 실업한 경우뿐입니다. 따라서 보통의 근로자에게는 고용보험의 급여 기간이 너무나 짧다는 문제가 발생하고 있습니다. 불황 속에서 3개월이나 반년 만에 새로운 직장을 찾는다는 것은 쉬운 일이 아닙니다.

### 고용보험은 실업자를 위해서 쓰여야 한다

이러한 문제에 어떻게 대처해야 할까요. 이것도 앞서 말한 생활보호제도와 같은 개념이 필요합니다. 고용보험에 가입하지 않은 사람이 증가하고 있는 현실에서 조건을 완화하는 등 근로자가 더 쉽고 지속적으로 도움을 받을 수 있도록 해야 할 것입니다. 급여 기간에 대해서도 지금보다 길게 하지 않으면 생활고를 완화할 수 없으며 보험으로의 의미도 잃어버리게 됩니다. 새로운 일을 찾기 위해서는 고용보험으로 지원되는 기간이 더 긴 편이 바람직합니다.

이러한 정책을 실현하기 위한 재원에 대해서도 다음과 같이 제안합니다. 첫 번째로 가입한 근로자의 보험료 인상입니다. 고용보험제도에서 빠져있는 사람을 구제하기 위해서는 어쩔 수 없을 것입니다.

두 번째로 고용보험을 어디까지나 실업자의 소득보장을 위해서 쓴다는 것입니다. 일본의 고용보험제도에서는 실업급여 외에도 여러 가지 급여를 시행하고 있습니다. 예를 들어 육아 휴업 기간 중의 소득 보장, 또는 기업이 고령자를 고용했을 때의 임금 보조 등을 예로 들 수 있습니다. 이런 지원에 있어서도 고용보험이 재원으로 쓰이는 경우가 적지 않습니다. 따라서 저는 고용보험제도는 어디까지나 실업한 사람에 대한 실업급여로만 철저하게 사용되어야 한다고 생각합니다. 실업 이외의 급여에 대해서는 다른 제도로 옮기는 것으로 확보해야 할 것입니다.

세 번째로 고용보험제도에 가입하지 않은 공무원도 오늘날에 이르러서는 가입해야 한다고 생각합니다. 공무원에게도 민간 기업의 근로자와 동일한 조건으로 일하는 것을 요구하는 시대가 되었습니다.

이처럼 고용보험제도를 충실히 하는 것으로 빈곤자를 감소시킬 수 있고 빈곤층의 소득을 보장하는 데 도움이 될 것이라고 생각합니다.

## 6. 세제와 사회보장제도의 개혁

### 세금의 누진도 저하

다음으로 세제와 사회보장의 정책을 서술하고자 합니다. 세제와 사회보장제도는 소득에 직접 관계되는 요소이며 소득 격차에 주는 영향은 매우 크다고 할 수 있습니다. 따라서 세제 및 사회보장제도의 개혁은 격차사회의 문제를 개선하기 위해서는 반드시 필요한 과정입니다.

지금까지 여러 번 말씀드렸듯이 일본에서는 최근 20년 정도 세금의 누진도가 급속히 저하되었습니다. 소득세의 최고세율은 20년 전에는 70%였던 것이 지금은 37%로 되어 있습니다. 소득세뿐 아니라 상속세에서도 누진도의 저하가 나타나고 있습니다. 이와 같은 소득세와 상속세의 최고세율이 완화되어 누진도를 낮춘 것은 소득분배의 불평등화에 크게 공헌했다고 할 수 있습니다.

### 역진성이 높은 소비세

또한, 세제에 관해 말하자면 소비세도 소득분배의 불평등화에서 중요한 역할을 하고 있습니다. 소비세는 기본적으로 역진성이 있는 세금입니다. 역진성이라는 것은 저소득자에게서 많은 세금을 취하고 고소득자로부터 오히려 세금을 덜 거둬들이는 것을 말합니다. 누진성과 반대의 특색이 있습니다.

왜 소비세가 역진성이라고 할 수 있을까요. 그것은 소득 대비 소비의 비율이 고소득자라면 낮고, 저소득자라면 높아지는 것에서 설명할 수 있습니다. 왜냐하면 고소득자는 소득에서 상당한 저축도 할 수 있으나, 저소득자는 저축을 할 여유가 없습니다. 따라서 소득의 상당부분을 소비에 충당해야만 합니다. 즉 저소득자 쪽이 소비비율이 높다는 것은 소비로 인해 발생하는 세금인 소비세는 역진성이 높다는 이야기가 됩니다. 뿐만 아니라 1989년에 소비세가 도입된 때의 세율은 3%였는데 현재는 5%까지 올랐습니다. 역진성이 더 높아졌다고 할 수 있습니다.

소득세와 상속세 두 가지의 세금제도가 누진도를 낮추고 있어 소비세도 더욱 역진성을 높이고 있습니다. 따라서 이러한 세제의 변화가 소득분배의 불평등화에 공헌했다고 할 수 있습니다.

### 사회보장제도의 역진성

다음은 사회보장제도에 대하여 고찰하겠습니다. 사회보장제도라는 것은 구체적으로는 연금, 의료, 간병, 실업 등으로 분야를 나눌 수 있습니다. 국민으로부터 사회보험료를 징수하여 그것을 재원으로 삼아 국민에게 연금과 의료, 간병이라는 형태로 지급하는 제도입니다. 사회보험제도라고도 합니다. 참고로 빈곤자를 구제하기 위한 생활보호제도는 사회부조제도라 불립니다.

일본 제도의 특징은 사회보장급여의 재원을 사회보험료에만 의지하지 않고 세금도 일부 도입하고 있다는 점입니다. 예를 들어 국민연금의 경우, 지급액의 3분의1은 세금으로 충당하고 있습니다. 뿐만 아니라 얼마 후에는 비율을 3분의1에서 2분의1로 올리기로 되어 있습니다. 또한 고용보험급여의 25%나 세금으로 충당하고 있습니다.

사회보장제도를 소득재분배효과의 시점에서 보면 이미 제2장 3에서 서술한 바와 같이 연금을 비롯하여 역진성이 있는 제도가 존재합니다. 예를 들어 모든 국민연금 가입자는 소득의 고저에 관계없이 매월 13,860엔으로 일정액을 지불합니다. 이것은 역진성입니다.

참고로 지금은 보험료의 징수라는 시점에서 사회보장제도의 역진성을 검증했습니다만, 한편으로 급여라는 시점에서 보면, 역진성인지 누진성인지는 검증하기 쉽지 않습니다. 왜냐하면, 사회보장급여는 사람들이 질병 등 어떠한 불행에 빠진 때에 지급되는 것이기 때문입니다. 따라서 고소득자에게 유리한지 저소득자에게 유리한지는 급여제도의 면에서는 판단하기 쉽지 않습니다.

### 세금과 사회보장의 재분배 효과를 비교하다

재분배 효과에 주는 영향에 대하여, 세금과 사회보장을 비교한 경우에 어떤 것을 알 수 있을까요. 제1장에서 나타낸 표 1-1의 각각의 '재분배 계수'를 보면 다음과 같은 것을 말할 수 있습니다. 먼저 일본에서는 세제에 의한 소득 재분배 효과는 최근에 급속히 작아졌다는 것입니다. 일본에서는 세제에 의한 재분배 효과는 원래 크지 않았습니다. 그럼에도 불구하고 더 작아졌습니다. 이미 말씀드린 바와 같이 세금의 누진도가 급속히 저하된 것에 의한 영향을 여기서도 발견할 수 있습니다. 한편으로 사회보장제도에 의한 재분배 효과는 최근 몇 년간 높아지고 있습니다. 지금 말씀드린 바와 같이 징수의 시점에서 보면 사회보장제도에는 역진성의 측면이 있습니다. 따라서 사회보장제도의 재분배 효과가 높아지는 것은 급여의 측면에 의존하고 있다고 생각됩니다.

그러면 일본의 세제 및 사회보장제도의 재분배 효과는 국제적으로 어느 정도일까요. 표5-1은 세제와 사회보장제도가 그 나라의 재분배 정책에 어느 정도 공헌하고 있는가를 나타낸 것입니다.

이것에 의하면 일본은 재분배 전과 재분배 후의 지니계수의 차가 75로 되어 있어, OECD 가맹국가 중에서 차이가 가장 작은 것을 알 수 있습니다. 표에 있는 10개국 중에서 재분배효과가 가장 큰 것

**표5-1 세와 사회보장에 의한 재분배효과**

|  | 재분배전<br>지니계수<br>(A) | 재분배후<br>지니계수<br>(B) | 효과<br>(A)−(B) |
|---|---|---|---|
| 이태리 | 51 | 34.5 | 16.5 |
| 미국 | 45.5 | 34.4 | 11.1 |
| 호주 | 46.3 | 30.6 | 15.7 |
| 독일 | 43.6 | 28.2 | 15.4 |
| 벨기에 | 52.7 | 27.2 | 25.5 |
| 일본 | 34 | 26.5 | 7.5 |
| 네덜란드 | 42.1 | 25.3 | 16.8 |
| 핀란드 | 39.2 | 23.1 | 16.1 |
| 스웨덴 | 48.7 | 23 | 25.7 |
| 덴마크 | 42 | 21.7 | 20.3 |

주: 지니계수는 0과1사이의 값이나, 이 표에서는 알기 쉽게 하기 위하여 지니계수에 100을 곱했음.

출처: Oxley, H., J.M.Burniaux, T.T.Dang, and M.Mira D'Ercole, "Income distribution and poverty in 13 OECD countries," OECD Economic Studies, no. 29, 1999, 99.55~94

은 스웨덴의 25.7입니다. 북유럽은 전형적인 복지국가이며 세금과 사회보장에 의한 재분배 효과가 상당히 크다는 것을 여기서도 살펴볼 수 있습니다.

계속해서 벨기에가 25.5, 덴마크가 20.3으로 그 뒤를 잇고 있습니다. 이런 나라와 비교하면 일본의 세금과 사회보장이 주는 재분배 효과가 얼마나 작은지 알 수 있습니다. 좀 더 말씀드리자면 '작은 정부'의 대표격인 미국마저 11.1입니다. 일본이 미국보다 수치가 더 낮다는 것은 재분배 효과가 가장 약한 나라라는 것을 의미합니다.

## 국민건강보험 미납자의 증가

지금까지 통계로 검증한 바와 같이 세제의 소득 재분배 효과의 저하 및 국제적으로 보아도 세제·사회보장의 재분배 효과가 작다는 일본의 특징이 오늘날의 격차사회의 큰 배경이라고 할 수 있습니다. 그러면 이와 같은 상황에서 어떤 대책을 생각할 수 있을까요. 구체적인 정책을 서술함에 있어 현재 사회보장을 둘러싸고 실제로 어떠한 문제가 일어나고 있는가를 먼저 생각해 보고자 합니다.

먼저 국민건강보험의 보험료 체납자 증가라는 문제가 있습니다. 국민건강보험은 회사에서 은퇴한 사람, 또는 자영업자 등이 드는 의료보험제도입니다. 그 보험료를 체납하는 사람이 최근 상당히 늘어나고 있습니다(그림5-4). 1998년에는 체납 세대수의 비율이 16% 약간 넘었습니다만 지금은 19%까지 늘었습니다. 국민건강보험은 샐러리맨 이외의 사람이 가입한다는 의미에서 본래「전국민보험」을 대표하는

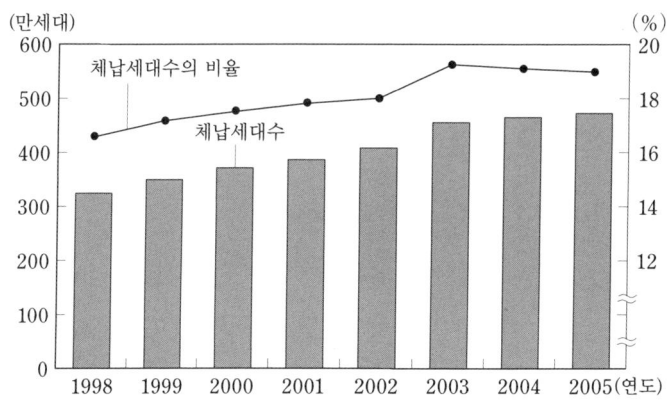

주 : 모두 6월 1일 현재
출처 : 후생노동성 자료

그림 5-4 국민건강보험 보험료 체납세대수의 추이

의료보험제도입니다. 그럼에도 은퇴자, 자영업자들 중에 보험료를 지불할 수 없는 사람이 늘고 있는 것입니다.

　의료보험료를 내지 않았다는 것은 질병에 걸렸을 때의 의료비지급이 없다는 것입니다. 질병에 걸렸을 때 소득 보장이라는 것은 사람이 살아감에 있어서 상당히 소중한 제도입니다. 그것조차도 보장되지 않는, 좀 더 깊이 말하면 자신의 의료를 안심하고 구매할 수 없는 사람들이 늘어나고 있다는 것은 심각한 문제라고 판단할 수밖에 없습니다. 전국민보험을 내걸고 그것을 자랑으로 삼아왔던 일본과 다른 실태가 일어나고 있는 것입니다.

　이미 제4장 2에서 말씀드린 것처럼 미국에서는 건강 격차라는 문제가 일어나고 있습니다. 즉 빈곤층은 만족스러운 의료를 받지 못하고 빨리 사망한다는 현실이 있습니다. 일본도 이러한 문제가 장래에 일어날 가능성이 없다고는 할 수 없습니다.

## 국민연금을 미납하는 청년들의 장래

두 번째로 국민연금의 미납율 문제입니다. 국민연금의 미납율에 대해서는 매스컴 등에서도 자주 보도하듯이 가입자의 약 40%나 보험료를 내지 않고 있는 것으로 파악되고 있습니다.

이 수치를 보면 이미 국민연금제도 자체가 붕괴되고 있다고 판단됩니다. 미납자 중에서 가장 높은 비율을 차지하고 있는 것은 청년입니다. 그림5-5는 연령별 국민연금 미납율을 나타낸 것입니다.

이것을 보면 20대 전후에서는 50%이상이 미납자입니다. 30대에서 낮아지며 50대가 되면 20~30%로 수준입니다.

청년의 미납율이 높은 것이 심각한 문제라고 생각합니다. 왜냐하면, 연금보험료를 내지 않는 청년이 20년 후, 30년 후에 중년, 노년이 되었을 때를 생각해보면 명확합니다. 현재 연금보험료를 내지 않고 있는 청년들은 프리터와 시간제 근로자, 실업자, 니트족일 것입니다. 중년이나 노년이 되어서도 그들이 계속해서 프리터 등의 직업밖에 얻지 못한다면 그들은 평생 연금보험료를 내지 못할 가능성이 높다고 할 수 있습니다. 결국 그들은 연금을 받을 수 없게 되는 것입니다. 그런 것을 생각하면 일본에 대량의 무연금층, 즉 빈곤층이 출현하게 되는 것입니다. 이것은 매우 중대한 사태입니다.

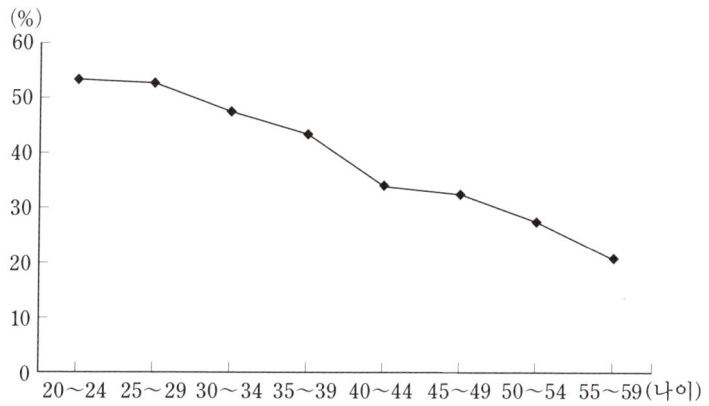

주: 납부율은, 해당년도분의 보험료로써 납부해야 할 월 수(전액면제월수 및 학생납부특례월수를 포함하지 않음) 중, 해당년도 중(다음 해 4월말까지)에 실제로 납부되지 않은 월수의 비율임.

출처: 사회보험청 '사회보험사업의 개황'으로 작성

그림5-5 연령별 국민연금미납율(2002년)

### 소득세의 부담율을 올리다

이상과 같은 구체적인 문제를 근거로 격차를 개선하기 위해서는 세제 및 사회보장제도를 개혁하는 것이 필요합니다. 그에 대한 구체적인 정책을 제언하고자 합니다.

첫 번째로 소득세의 누진세율을 다시 올리는 정책입니다. 낮아진 누진세율이 격차를 계속 확대시키는 데 어느 정도 역할을 했기 때문입니다. 구체적으로는 37%까지 낮아진 소득세율을 최고 50% 정도로 하는 방법이 있습니다. 그러나 이 문제에 대해서는 의견이 갈립니다. 정부세제조사회 내에서도 '누진세율을 너무 낮춘 상태라서 되돌리는 것이 필요하다.'는 측과 '누진세율의 인하가 아직 충분치 않으므로 더 낮추어야 한다.'는 측으로 나뉘어 대립하고 있습니다. 정치권의 의견도 여러 가지입니다. 결국은 국민의 의견을 따라야 할 것입니다.

예전과 같이 최고 세율을 70%, 80%까지 되돌리라고는 주장하지 않겠습니다. 그러나 50% 정도는 되어야 적당하다고 생각합니다. 어찌되었든 현재의 낮은 누진세율은 문제이며 그것을 개선할 필요가 있다고 생각합니다.

### 일본의 세부담율은 선진국 중 최저

소득세의 누진세율을 올리는 정책을 채택한다는 것은 소득세의 부담율을 올리는 것입니다. 당연히 이에 대한 반대 의견들이 많이 있을 것입니다. 반대 의견의 공통된 점은 소득세율을 더 낮추어야 하며 올리는 것은 감세의 시대에 걸맞지 않다는 것입니다.

그러나 일본의 조세부담율을 선진국들과 비교하면 매우 낮은 수준입니다(그림5-6). 스웨덴의 세부담율은 49.3%, 프랑스와 영국이 약 38%, 미국이 23.8% 정도입니다. 일본은 21.5%로 선진국들과 비교하면 최저 수준입니다.

개인 소득세의 부담율도 다른 나라와 비교해보면 역시 최저입니다. 스웨덴 21.5%, 영국, 프랑스, 독일 등이 10~14%, 미국 12.1%입니다. 일본은 6.0%에 지나지 않습니다. 이렇다고 보면 소득세 부담률을 올

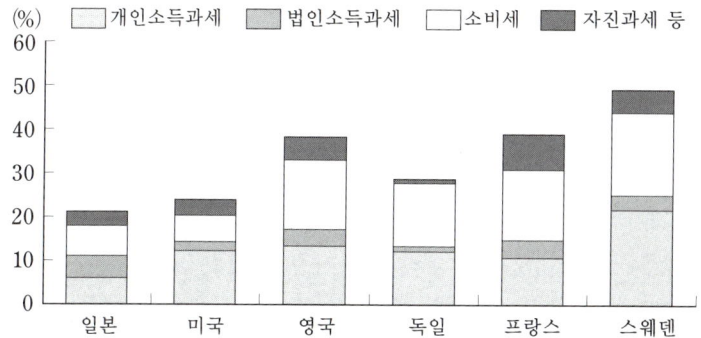

주 : 일본은 2005년도예산기준, 각외국은 OECD "Revenue Statistics 1965-2003" 및 동"National Accounts 1991-2002"에 의함. 소득과세에는 자산성소득에 대한 과세를 포함함

출처: 재무성의 홈페이지

그림 5-6 국민소득에 대한 세부담율의 국제비교

릴 여지는 있다고 생각됩니다. 따라서 소득세율을 올리는 정책을 제안하고자 합니다.

만약 소득세율을 올린다고 할 경우, 어느 계층에서 올려야 하는가 하는 문제가 또 남습니다. 그것은 당연히 고소득자의 몫이 되겠지요. 고소득자의 소득세율을 저소득자의 소득세율보다 높게 책정해야 소득 격차를 조정할 수 있을 것입니다.

### '누진소비세'의 도입에 의한 연금 개혁

다음으로 사회보장에 대한 제안을 해보려고 합니다. 그것은 사회보장제도의 재원 확보에 있어서 세금의 비율을 가능한 높여 사회보험료의 비율을 낮추자는 것입니다. 그중에서도 연금에 대해서는 '기초연금 전액 세금 방식'의 도입을 주장합니다. 이것은, 2005년에 간행한 저의 책 『소비세 15%에 의한 연금개혁』동양경제신문사, 2005년에 상세히 서술하고 있습니다. 간단히 말하자면 기초연금의 재원 전액을 소비세로 충당하는 정책입니다.

앞에서 말한 바와 같이 국민연금의 미납율이 갈수록 상승하고 있는데 만약 전액 세금 방식을 도입하여 소비세로 징수하면 미납문제는 사라집니다. 따라서 이것이 실현된다면 앞으로 은퇴하는 사람 등에게 확실한 연금의 지급이 가능하게 됩니다.

소비세에서 재원을 충당하기 위해서는 지금 5%인 소비세율을 15% 정도로 올려야 할 것입니다. 소비세가 인상되면 이의를 제기할 사람이 많을 것입니다.

그러나 이미 본 바와 같이 일본의 세부담율은 선진국 중에서 최저수준입니다. 뿐만 아니라 유럽의 소비세율은 대체로 20~25% 정도라서 소비세 역시 일본은 상당히 낮은 수준입니다.

단, 소비세율을 인상시키기 위해서 조심해야 할 점이 하나 있습니다. 그것은 앞에서 말한 바와 같이 소비세가 역진성의 성격을 가지고 있다는 점입니다. 따라서 일률적으로 15%로 올리면 저소득층에는 큰 부담이 될 것입니다. 그래서 공평성을 위해 소비세의 누진세를 생각해 보아야 합니다. 즉 식료품과 교육, 의료 등 생활에 필수적인 분야의 지출은 비과세로 하고 이외의 일반재에만 세금을 매깁니다. 그것도 사치품에는 15%보다 높은 세율을 매깁니다. 이렇게 하면 소비세가 누진성을 가지게 될 것입니다. 연금의 재원 확보를 위해 '누진소비세'를 활용하게 된다면 세금 징수에 있어서 공평성을 기할 수도 있고 연금을 틀림없이 받을 수 있다는 국민들의 안심도 얻어낼 수 있는 일석이조의 정책이 아닐까 생각합니다.

더구나 소비세와 같은 간접세는 경제 효율을 높이는 것에도 공헌하는 장점을 가지고 있습니다. 직접세나 보험료를 징수하는 것은 국민의 근로 의욕과 저축 의욕, 기업의 설비투자 의욕을 저하시킬 수 있습니다. 결국 세금을 내지 않으려 하거나 보험료를 자꾸 미루는 결과를 초래하게 되는 것입니다. 경제효율 역시 그만큼 떨어질 것은 당연합니다.

그러나 소비세는 간접세이므로 이러한 의욕을 방해하는 정도가 상당히 낮아 경제 효율을 상대적으로 높이는 것이 가능한 것입니다.

지금은 연금을 예로 했지만 연금뿐 아니라 의료와 간병 등 다른 사회보장제도에 관하여서도 세금의 비율을 가능한 높게 하여 사회보험료의 비율을 낮추는 것이 좋다고 생각합니다.

제일 먼저 실질적으로 제도 자체가 붕괴되고 있는 연금을 개선해서 여기서 세금 방식이 정착되면 다른 사회보장제도로 확대해 나가면 될 것입니다.

## 7. '작은 정부'에서 벗어나기

### 일본은 이미 '작은 정부'

지금까지의 저의 제안들은 모두 정부의 역할을 강조하는 것입니다. 따라서 정치인들과 관료들, 재계 인사들이 주장하는 '작은 정부'와는 거리가 있는 것들이라고 생각할 수 있습니다. 이 책의 마지막 부분에서 '작은 정부'에 대한 논리를 검증하여 일본이 앞으로 어떤 길을 선택하는 것이 현명한 것인지를 생각해 보려고 합니다.

앞에서 서술한 바와 같이 일본의 세부담율은 국제적으로 최저 수준입니다. 사회보장의 면에서 보아도 역시 선진국 중에선 최저 수준에 있습니다. 표 5-2는 각국의 사회보장급여가 국민소득에서 차지하는 비율을 나타내고 있습니다. 표에 따르면 스웨덴이 53.4%로 최고이며 프랑스 37.2%, 독일 33.3%이고 영국과 미국이 그 다음입니다. 일본은 15.2%로 또 선진국 중 최하위입니다.

표 5-2의 수치는 사회보장 전문가가 철저하게 분석하여 계산한 수치이므로 그 정확도는 높습니다. 그러나 좀 오래된 자료라는 것이 문제이긴 합니다. 그래서 그보다 좀 더 최근인 1998년의 자료를 모아 분석한 것이 표 5-3입니다. 표 5-2의 수치보다는 정밀하지 못한 수치이긴 하지만 비교해볼 가치는 있습니다. 이것에 의하면 일본은 미국의 18.4%를 따라잡아 20.4%가 되었으며 최하위를 탈출했습니다. 참고로 2004년의 일본은 23.5%입니다.

표 5-2 사회보장급여가 국민소득에서 차지하는 비율(1993년)(%)

| | |
|---|---|
| 일본 | 15.2 |
| 일본(1997년) | 15.2 |
| 미국(1992년) | 15.2 |
| 영국 | 15.2 |
| 독일 | 15.2 |
| 프랑스 | 15.2 |
| 스웨덴 | 15.2 |

출처: 국립사회보장, 인구문제 연구소 사회보장지급액

표5-3 사회보장급여가 국민소득에 차지하는 비율(1998년)(%)

| | |
|---|---|
| 일본 | 20.4 |
| 미국 | 18.4 |
| 영국 | 33.2 |
| 프랑스 | 40.9 |
| 스웨덴 | 47.8 |

출처:OECD재정통계

최근 10년 간 이 비율이 왜 증가했는가 하면 일본의 고령화 현상 때문입니다. 즉 사회보장급여를 필요로 하는 고령자가 증가했기 때문입니다.

재미있는 것은 그동안 사회보장급여를 삭감하는 정책을 지속적으로 취해 왔음에도 불구하고 총지급액이 국민소득에서 차지하는 비율은 늘어났다는 것입니다. 그것은 삭감한 금액보다 지급해야 할 금액이 더 컸다는 것을 의미합니다. 그만큼 고령자가 많아졌다는 것이지요.

그렇지만 지급액이 증가했다고 해도 아직 유럽의 여러 나라와는 차이가 있으며, 따라서 사회보장제도의 충실도는 상당히 낮다고 할 수 있습니다. 제가 일본은 비복지국가의 전형적인 나라라고 결론짓는 근거는 여기에서도 찾을 수 있습니다.

일본은 일반적으로 다음과 같은 인식이 넓게 존재하고 있습니다. 세금도 높고 사회보험료도 높은데도 국민에게 돌아오는 사회보장은 상당히 적다는 인식입니다. 지금 본 바와 같이 사회보장환원이 최저수준인 것은 통계와 일치하고 있습니다. 그러나 앞에서 말한 것처럼 세금과 사회보장의 부담율은 실제로는 국제적으로 낮은 수준입니다.

세금 및 사회보장 수준으로 구분할 수 있는 선진국의 세 그룹이 있습니다.

제1그룹은 북유럽으로 대표되는 '고복지·고부담 국가', 제2그룹은 영국, 독일, 프랑스 등 유럽의 선진국으로 대표되는 '중복지·중부담 국가', 제3그룹은 미국으로 대표되는 '저복지·저부담 국가'입니다. 지금까지의 국제 비교에서 본 것과 같이 일본은 제3그룹 '저복지·저부담 국가'에 속합니다. 이것으로 보면 일본은 이미 '작은 정부'를 실현하고 있는 것입니다.

오래 전의 일본이라면 고령자의 경제 보장, 의료와 간병은 가족의 몫이었습니다. 공적 부문의 연금, 의료, 간병에 의지하지 않고 가정 안에서 사적私的으로 복지를 제공하고 있었습니다. 따라서 공적 부문이 나오지 않더라도 어느 정도의 복지는 실현되어 있었던 것입니다. 그러나 30여 년 전부터 유럽의 복지국가를 따라 공적 부문의 비율을 계속 높여 왔습니다. 그래도 유럽 등에 비하면 일본에서의 공적 부문의 역할은 작았습니다.

## '작은 정부'를 주장하는 목소리

실제로는 '작은 정부'를 실현시키고 있음에도 정부의 역할을 더 작게 하는 것이 현재 정치권이나 재계의 입장입니다. 또한 충실한 사회보장제도는 민간 경제를 방해한다는 주장도 나오고 있습니다. 그러나 이런 주장을 하는 정치가와 경영자는 과연 지금 통계를 통해 나타나고 있는 실태를 인식하고 있는 것일까요. 인식하고 나서도 더 '작은 정부'를 실현하자고 부르짖는 것인지 참 의문스럽습니다.

'작은 정부'의 필요성을 주장하고 있는 것은 정치가나 경영자뿐만이 아닙니다. 국민 중에서도 그 주장에 찬성하고 있는 사람은 적지 않습니다. 그렇게 주장하는 가장 큰 이유는 정부에 대한 불신이 아닐까 생각합니다. 다시 말하면 정부가 불필요한 지출을 하고 있다는 의식이 국민 사이에 팽배해 있기 때문이라는 것이지요.

불필요한 공공사업을 계속 진행하고, 인사 비리를 비롯하여 관료가 단물을 빨아 먹고 있고, 세금을 거둬갈 만큼 거둬가고도 국민에게 혜택은 돌려주지 않는 부정을 행하는 등 정부에 대한 불신이 상당히 강합니다. 예를 들어 연금의 납부율을 올리기 위하여 국민연금 체납자에게 일방적으로 연금혜택 면제 수속을 했다거나 하는 사회보험청을 둘러싼 불상사가 최근 밝혀졌습니다. 이런 사실들도 관료들에 대한 불신을 더하는 좋은 예입니다. 그 때문에 정부를 가능한 작게 하여 낭비를 줄이고 민간에 맡겨야 한다는 의견이 나올 여지가 생기는 것입니다.

국제적으로도 일본은 이미 '작은 정부'입니다. 사회보장제도 또는 세이프티 넷에 대하여는 북유럽 등과는 비교할 수조차 없으며 유럽과 비교해도 비복지국가의 전형임을 확인할 수 있을 뿐입니다. 그럼에도 불구하고 점점 더 '작은 정부'를 목표로 사회보장제도의 규모를 축소하는 정책을 계속 채택하려 하고 있는 것입니다. 연금이든 의료보험이든 간병보험이든 갖가지 사회보장제도에서 급여액을 삭감하여 국민의 부담을 상승시키는 정책이 채택되어 세이프티 넷은 축소일로입니다.

격차를 둘러싼 논의가 일어나면 격차 확대를 시인하는 사람들은 대략 다음과 같은 주장을 합니다. 빈부 격차가 확대되어도 견실한 세이프티 넷을 확립시켜 빈곤층을 구제하면 된다는 것입니다. 따라서 세이프티 넷이 확보되면 어느 정도 빈부의 격차가 커져도 문제가 될 것이 없다는 주장입니다. 그러나 실제로는 그러한 주장과는 전혀 반대의 상황이 진행되고 있습니다.

일본은 재정 적자가 커서 공공지출을 감액시키는 '작은 정부'를 지향한다는 주장도 있습니다. 불필요한 공공지출을 줄이는 것은 중요합니다. 따라서 저는 이 주장에는 반대하지 않습니다. 그러나 복지와 교육으로의 지출 삭감에는 찬성하지 않습니다.

## 미국형인가 유럽형인가

이러한 상황에서 지금 일본은 선택의 기로에 있습니다. 한 가지 선택은 이대로 더욱 '작은 정부'를 지향해서 격차가 더욱 확대되도록 하는 길입니다. 다른 한 가지는 '작은 정부'에서 벗어나 격차를 줄이며 복지와 교육이 보다 충실하도록 하는 길입니다. 전자를 미국형, 후자를 유럽형이라고 말할 수도 있을 것입니다.

미국은 국민의 자립의식에 의해 형성된 사회입니다. 단적으로 말하자면 자신의 일은 자신이 책임진다는 자기 책임이 관철된 사회입니다. 세이프티 넷도 스스로 확보하지 않으면 안 됩니다. 정부가 개인의 보호를 위해 지원하거나 관여하는 폭이 좁습니다. 유럽형은 국민으로부터 사회보험료나 세금을 거둬 그것을 재원으로 하여 국민에게 복지서비스, 또는 공공서비스로 환원하는 체제입니다.

현재의 정부 관료와 정권 여당, 재계 사이에는 미국형이 우리에게 적합하다고 하는 주장이 강해 보입니다.

국민들 사이에서는 유럽형에 찬성하는 목소리가 적지는 않습니다. 정부가 유럽형을 채택해서 연금, 의료보험 등의 사회보장제도를 견실하게 확립하여 국민의 안심을 보장해 주기만 한다면 보험료나 세금의 부담을 싫어하는 국민은 그렇게까지 많지 않을 것입니다. 그러나 문제가 되는 것이 있으니 바로 정부에 대한 불신입니다.

국민의 혈세를 정부가 낭비하거나 부정에 사용할지도 모른다는 불신이 보험료나 세금을 내는 데 강한 저항감을 갖게 합니다. 따라서 정부는 그런 낭비나 부정을 배제하여 국민으로부터의 신용을 회복해야만 합니다. 최종적인 선택은 국민에게 달려 있습니다.

이미 말씀드린 것처럼 현재 사회보장제도는 지원 폭을 삭감해 가는 쪽으로 가닥을 잡고 있습니다. 저출산·고령화의 진행이 두드러지게 나타나는 지금 사회보장급여의 삭감과 국민 부담의 증가라는 것은 피할 수 없는 사실입니다.

그렇다고는 해도 사회보장 축소를 향한 정책이 계속된다면 결국 국민이 안심하고 생활해 갈 수 없는 시대를 불러오게 될 것입니다. 새로운 빈곤층의 출현 등 이미 그러한 문제의 싹이 솟아나고 있습니다.

제가 이 책에서 나타낸 실태나 고민을 참고로 일본에 합당한 선택을 국민들이 해주기를 바랍니다.

## 마치며

전후 긴 시간 동안 일본은 '1억 총중류'라고 믿어 왔습니다. 뿐만 아니라 경제 효율성과 평등성, 양자 모두를 만족시킨 나라로써 세계에 자랑해 왔습니다.

그러나 1980년대부터 소득분배의 불평등화가 진행되기 시작했고 21세기에 들어와 빈부 격차는 더 커졌습니다. 2006년 7월에 발표한 OECD의 '대일경제심사보고서'에 보면 일본은 근로 세대18세~65세의 빈곤율이 선진국 중에서 미국 다음으로 높은 것으로 나타나 경고의 대상이 되었습니다. 국민 전체를 대상으로 하더라도 일본의 빈곤율은 선진국 중에서 3위입니다. 빈부 격차뿐 아니라 빈곤자의 수도 많은 사회가 되어 버렸습니다.

최근 10여 년간 일본경제는 대불황에 빠져 있었습니다. 그러다 요즘 경기 회복을 보이는 것은 다행스러운 일입니다. 하지만 회복은 대도시의 대기업에만 한정되어 지방과 중소기업에까지 파급되고 있지 않습니다. 중앙과 지방의 격차가 두드러지는 시대가 된 것입니다.

불황이 소득 분배 불평등화의 원인이기도 하지만 일본의 사회 · 경제가 최근 20~30년 동안에 장기적인 변화 중에 있는 것이 격차확대의 주요 요인이라고 판단됩니다.

격차사회를 논할 때는, 다섯 가지 문제를 두고 생각해봐야 합니다. ① 기회의 평등 · 불평등 ② 결과의 평등 · 불평등 ③ 효율성과 공평성의 관계 ④ 정부의 역할 ⑤ 기업과 사람들의 의식과 행동의 변화에 주목하는 것 등이 그것입니다.

이 책에서는 이러한 문제에 대하여 설명하려고 노력했습니다.

격차확대의 시비를 가리고자 논할 때는 경제학을 통해 합리적이고 과학적으로 분석한 객관적인 자료를 제공할 수 있습니다. 그러나 사람들의 가치판단에 의존하는 부분도 적지 않습니다. 예를 들어 소득 격차나 빈곤자의 존재를 어느 선까지 인정할 것인가라는 것은 개인의 인생관에도 영향을 받기 때문입니다.

이러한 경제학에 의한 객관적인 측면과 사람들의 주관적인 측면을 구별하기 위해 노력했습니다.

물론 최종적으로는 격차사회를 독자가 어떻게 판단하는가에 달려 있습니다. 그래서 이 책의 내용에 대한 비판을 포함하여 독자로부터 여러 가지 의견이 나오기를 기대하고 있습니다.

8년 전 『일본의 경제 격차』를 출판한 이래 격차를 둘러싼 여러 가지 논쟁이 일어났습니다. 새로 집필한 이 책이 논쟁의 진전에 있어서 많은 사람들의 관심과 고민을 촉발하는 계기가 되기를 바랍니다.

결론은 다음과 같이 정리됩니다.

① 격차 확대는 진행 중이며 빈곤층의 증가가 나타나고 있습니다.

② 경제 효율을 희생하지 않고도 기회와 결과의 양쪽 모두에서 격차를 완화하는 개선책을 제시할 수 있습니다.

③ 격차 개선책의 기본은 교육, 사회보장, 고용의 분야에 있습니다.

구체적인 정책에 대해서는 나름대로 명확히 서술했다고 생각합니다.

본서는 한정된 내용의 책입니다. 따라서 상세한 논의가 없는 것에 불만을 가지는 독자가 계실지도 모릅니다. 더 상세하고 더욱 학문적인 분석에 관심이 있는 분은 다음 두 권의 책을 참조해 주시기 바랍니다.

(1) Tachibanaki, T., Confronting Income Inequality in Japan, MIT Press, 2005.
(2) 다치바나키 도시아키, 우라카와 쿠니오 『일본의 빈곤 연구』 도쿄대학출판회, 2006년.

이 책은 이와나미신서 편집부의 사카마키 카츠미와 타나카 히로유키 두 분의 권유로 시작되었습니다. 집필과 편집 때 타나카 히로유키 씨의 헌신적인 지원을 받을 수 있습니다. 타나카 씨의 노력에 진심으로 감사드립니다.

남겨져 있을지도 모르는 오류와 주장에 관한 책임은 모두 저자에게 있습니다.

다치바나키 도시아키

# 부록

## 통계 수치로 보는 한국의 격차

**부록 표 1. 연도별 상대적 빈곤율과 지니계수 (통계청)**

| 연도 | 상대적 빈곤율(%) | 지니계수 |
|---|---|---|
| 2009년 | 15.3 | 0.354 |
| 2008년 | 15.2 | 0.354 |
| 2007년 | 14.8 | 0.354 |
| 2006년 | 14.3 | 0.354 |
| 2003년 | 12.1 | 0.354 |
| 2000년 | 10.4 | 0.354 |
| 1997년 | 8.7 | 0.354 |

**부록 표 2. 주요 국가 상대적 빈곤율 (OECD, 2000년대 중반)** (단위 : %)

| 국가 | 빈곤율 | 국가 | 빈곤율 |
|---|---|---|---|
| 멕시코 | 18.4 | 그리스 | 12.6 |
| 일본 | 14.9 | 독일 | 11 |
| 아일랜드 | 14.8 | 핀란드 | 7.3 |
| 한국 | 14.6 | 영국 | 8.3 |
| 포르투갈 | 12.9 | 스웨덴 | 5.3 |

※ 상대적 빈곤율 : 전체 인구 중 한 가운데 소득(중위소득)의 절반 미만을 버는 인구의 비중

## 부록 표 3. 소득격차 (OECD, 2010년) (단위 : 배)

| | 국가 | 소득격차 |
|---|---|---|
| 소득격차가 높은 국가 | 멕시코 | 28.5 |
| | 칠레 | 26.5 |
| | 미국 | 15.9 |
| | 터키 | 15.1 |
| | 이스라엘 | 13.6 |
| | 스페인 | 13.1 |
| | 그리스 | 10.8 |
| | 일본 | 10.7 |
| | 한국 | 10.5 |
| 소득격차가 적은 국가 | 영국 | 10.0 |
| | 캐나다 | 8.9 |
| | 프랑스 | 7.2 |
| | 독일 | 6.7 |
| | 헝가리 | 6.0 |
| | 노르웨이 | 6.0 |
| | 핀란드 | 5.4 |
| | 아이슬란드 | 5.3 |
| | 덴마크 | 5.3 |

※ 소득격차 : 최상위 10% 가구가 얻은 평균 소득과 최하위 10% 가구가 얻은 소득의 비교

부록 표 4. 국가별 저임금 고용 비중 (OECD, 2010) (단위 : %)

| 국가 | 연도 | 저임금 고용 비중 |
|---|---|---|
| 한국 | 2000 | 24.6 |
| | 2010 | 25.9 |
| 미국 | 2000 | 24.7 |
| | 2010 | 25.3 |
| 캐나다 | 2000 | 23.2 |
| | 2010 | 21.1 |
| 일본 | 2000 | 14.6 |
| | 2010 | 14.5 |
| 이탈리아 | 2000 | 9.5 |
| | 2010 | 9.5 |
| 스위스 | 2000 | 9.6 |
| | 2010 | 9.2 |
| OECD 평균 | 2000 | 17.0 |
| | 2010 | 16.3 |

### 부록 표 5. 주요 국가 임시직 고용 비율 (OECD, 2010) (단위 : %)

| 국가 | 임시직 비율 | 국가 | 임시직 비율 |
|---|---|---|---|
| 폴란드 | 27.3 | 스페인 | 24.9 |
| 한국 | 24.8 | 멕시코 | 20.3 |
| 스웨덴 | 15.8 | 프랑스 | 15.1 |
| 독일 | 14.7 | 일본 | 13.8 |
| 캐나다 | 13.4 | 영국 | 6.1 |
| 호주 | 5.2 | 미국 | 4.2 |

### 부록 표 6. 주요 국가 출산율 (OECD, 2010) (단위 : 명)

| 국가 | 임시직 비율 | 국가 | 임시직 비율 |
|---|---|---|---|
| 이스라엘 | 3.03 | 일본 | 1.39 |
| 독일 | 1.39 | 폴란드 | 1.38 |
| 스페인 | 1.38 | 포르투갈 | 1.37 |
| 헝가리 | 1.26 | 한국 | 1.23 |
| OECD 평균 출산율 1.74명 | | | |

### 역자후기

해외에 거주하다 보면 모국의 정황을 알기 위해 인터넷을 크게 의지하게 됩니다. 제가 본서를 번역한 2013년 봄에서 여름. 눈에 띄는 단어들은 다음과 같습니다. 하우스푸어, 가계 대출 증가, 불량 채권 증가, 저축은행의 도산, 전세 값 상승, 갑과 을, 현대자동차 노조, 지니계수 미발표 논란, 워크셰어, 노동유동성 확대, 뿐만 아니라 귀에 딱지가 앉을 정도로 많이 들었던, 청년실업, 취업난, 비정규노동자 증가도 눈에 띕니다.

미국, 일본만의 일은 아닌, 자본에 의한 각 미디어들의 정보 한정 속에서도 본서의 주제인 '격차'와 관련된 내용들을 꽤나 보게 됩니다.

일본과 인연을 가진지 오래된 저는 여러 사회 현상이나 근간이 되는 제도에 있어서 한국이 일본을 뒤따르는 부분이 크다고 느끼고 있습니다. 예를 들면, 의료, 저출산 고령화, 핵가족, 지방의 쇠퇴, 산업의 해외 진출로 인한 국내 공동화空洞化 등을 생각하면 이해하기 쉬울 것입니다.

그러나 재미있는 것은 정작 일본의 일부 언론과 저널리스트들의 견해는 IMF이후 우리나라는 더욱 재벌기업 위주의 경제 체제로 사회가 구조조정 되었고 FTA로 먼저 세계 경쟁에 노출된 것뿐 아니라, 사회 문제실업, 자살, 비정규노동자, 불평등, 양극화 등를 보며 앞으로의 일본 사회가 어떤 모습이 될지를 살펴볼 수 있다고 합니다.

가만히 생각해 보면 부정할 수 없는 견해입니다.

어느 나라가 어느 부분에서 앞서고 뒤따르고 하는 것은 차치하고서라도 본서는 '격차'에 대해 쉽게 이해할 수 있게 설명하면서 수면 아래에서 어떠한 움직임들이 그 '격차'를 만들었는지 그리고 벌어지게 했는지를 살필 수 있는 눈을 독자에게 제공해 줍니다.

저자인 다치바나키 씨는 경제학자이면서도 다음과 같은 입장을 그의 저서와 강연에서 자주 거론하고 합니다.

"경제성장 우선이 아니라, 1~2퍼센트의 성장, 적당한 풍족함으로도 괜찮지 않느냐."

본서의 근저에 깔린 목적과 격차의 진정한 원인에 대해 저자가 하고 싶은 말이지 않을까 합니다.

서두에 나열한 단어들이 가지는 의미와, 그것들을 어떻게 평가하는지, 그 평가를 어떻게 대중에게 전하고 누가 어떻게 이용하는지에 따라 향후 한국 사회의 모습은 크게 바뀔 것입니다.

이 책이 조금이라도 많은 분들이 '자신의 견해'를 가지는 데 영향을 끼쳤으면 하는 바람입니다.

마지막으로, 좋은 책을 번역할 수 있는 기회를 주신 세움과비움. 깊은 이해심으로 번역을 기다려 준 사랑하는 가족. 항상 일관되게 저를 이끄시는 그 분께 감사의 마음을 전합니다.

2013년 8월 남기훈

## 격차사회

초판 1쇄 인쇄 | 2013. 09. 10
초판 1쇄 발행 | 2013. 09. 15

지은이　 | 다치바나키 도시아키
옮긴이　 | 남기훈
펴낸이　 | 백도연
펴낸곳　 | 도서출판 세움과비움
신고번호 | 제 2012-000230호
주소　　 | 서울 마포구 양화로16길 18(서교동)
　　　　　 Tel. 02-704-0494　Fax. 02-6442-0423

seumbium@naver.com

디자인　 | 명상완

이 책은 저작권법에 의해 보호를 받는 저작물이므로 무단전재 및 복제를 금합니다.
잘못 만들어진 책은 구입하신 서점에서 바꾸어 드립니다.

ISBN 978-89-98090-07-4　03320

값 12,000 원